LA TRAMPA DE SATANÁS

Vive LIBRE *de la* MORTAL
ARTIMAÑA *de la* OFENSA

JOHN BEVERE

CASA
CREACIÓN
Para vivir la Palabra

Para vivir la Palabra

MANTÉNGANSE ALERTA;
PERMANEZCAN FIRMES EN LA FE;
SEAN VALIENTES Y FUERTES.
—1 CORINTIOS 16:13 (NVI)

La trampa de Satanás por John Bevere
Publicado por Casa Creación
Miami, Florida
www.casacreacion.com
Copyright © 2000, 2010, 2020 por Casa Creación

Library of Congress Control Number: 2010930809
ISBN 978-1-61638-100-4
E-ISBN: 978-1-59979-570-6
Esta es una edición especial del 10mo. aniversario de esta edición previamente publicada,
ISBN 978-0-88419-618-1, copyright © 2000. Todos los derechos reservados.

Desarrollo editorial: *Grupo Nivel Uno, Inc.*
Diseño interior: *Grupo Nivel Uno, Inc.*

Publicado originalmente en inglés bajo el título:
    The Bait of Satan por John Bevere
    © 1994, 1997 First edition
    © 2004 Revised edition
    Charisma House, a Charisma Media Company
    Copyright © 2011 Jonathan Cahn
    Todos los derechos reservados.

A menos que se indique lo contrario, el texto bíblico ha sido tomado de la versión Reina-
Valera © 1960 Sociedades Bíblicas en América Latina; © renovado 1988 Sociedades
Bíblicas Unidas. Utilizado con permiso. Reina-Valera 1960™ es una marca registrada de
American Bible Society, y puede ser usada solamente bajo licencia.

Nota de la editorial: Aunque el autor hizo todo lo posible por proveer teléfonos y páginas
de Internet correctas al momento de la publicación de este libro, ni la editorial ni el autor
se responsabilizan por errores o cambios que puedan surgir luego de haberse publicado.

Impreso en Colombia

21 22 23 24 25 LBS 9 8 7 6 5 4 3 2 1

MI MÁS PROFUNDO AGRADECIMIENTO A...

Mi esposa, Lisa, quien, después del Señor, es mi más íntima amiga. Realmente eres una mujer virtuosa. Siempre le estaré agradecido al Señor por habernos unido como marido y mujer. Gracias por ayudarme con tanto desinterés en la edición de este libro.

A mis cuatro hijos, Addison, Austin, Alexander y Arden, que sacrificaron su tiempo con papá para que este proyecto pudiera terminarse. Hijos, ustedes son el gozo de mi corazón.

Un agradecimiento especial a Casa Creación, quienes colaboraron con nosotros en este proyecto.

Lo más importante: mi sincera gratitud a nuestro Padre celestial por su don inefable, a nuestro Señor Jesucristo por su gracia, verdad y amor, y al Espíritu Santo por su fiel guía durante la preparación de este proyecto.

CONTENIDO

PREFACIO

E l libro que usted tiene en sus manos es, probablemente, la más importante confrontación con la verdad que encontrará en toda su vida. Puedo decirlo con seguridad, no porque yo lo haya escrito, sino debido al tema que trata. El tema de las ofensas, verdadero núcleo de La trampa de Satanás, es muchas veces el obstáculo más difícil que una persona debe enfrentar y superar.

Los discípulos de Jesús fueron testigos de muchos milagros grandes y notables. Observaron boquiabiertos cómo los ojos de los ciegos eran abiertos y los muertos eran resucitados. Escucharon a Jesús ordenar que se aquietara una tormenta que podía acabar con sus vidas. Vieron cómo miles de personas eran alimentadas por medio del milagro de la multiplicación de unos pocos peces y panes. La lista de los milagros y las maravillas de Jesús es tan inacabable que, según la Biblia, ni todos los libros del mundo alcanzarían para registrarlos.

Nunca antes la humanidad había sido testigo del obrar de la mano milagrosa de Dios de forma tan tangible y al mismo tiempo abrumadora. Sin embargo, no fue esto lo que empujó hacia la duda a los sorprendidos y maravillados discípulos. No; ese desafío llegaría más tarde, cerca del fin del ministerio terrenal de Jesús. Jesús les había encomendado a sus discípulos: "Si tu hermano pecare contra ti [...] Y si siete veces al día pecare contra ti, y siete veces al día volviere a ti, diciendo: Me arrepiento; perdónale". La respuesta inmediata de estos hombres fue: "Auméntanos la fe" (Lucas 17:3–5). Los milagros, los muertos resucitados y la tormenta dominada no habían inspirado un clamor por una fe mayor; pero el sencillo mandamiento de perdonar a quienes nos han hecho daño sí lo logró.

Jesús dijo: "Imposible es que no vengan tropiezos*" (Lucas 17:1). No es cuestión de si existirá la oportunidad de que alguien nos ofenda,

---

* En este y otros pasajes bíblicos mencionados a través de todo el libro, la versión de la Biblia utilizada por el autor en el original (New King James Version) traduce sino cuál será nuestra reacción ante el hecho. Lamentablemente, no unos pocos, sino muchos de nosotros caemos presa de las ofensas.

Este libro fue publicado por primera vez hace diez años. En ese período hemos recibido incontables cartas y numerosos testimonios de personas, familias y ministerios que han sido sanados y transformados por las verdades de la Palabra de Dios que estas páginas contienen. Hemos incluido algunos ejemplos en esta edición para su edificación. ¡Nos gozamos y le damos toda la gloria a Dios por todos ellos!

Un lector nos comenta: "Nuestra iglesia estaba en medio de una tremenda división. Parecía que ya no había esperanzas. Le entregué un ejemplar de La trampa de Satanás a cada líder de la iglesia. ¡La división se terminó, y ahora somos uno!"

Muchos matrimonios han sido salvados. Recientemente, luego de hablar en Nebraska, una pareja se me acercó. La esposa confesó: "Yo fui ofendida por los líderes de esta iglesia hace diez años. Me volví amargada y sospechaba de todo; siempre estaba defendiendo mi posición. Mi matrimonio se resintió por esa angustia, y mi esposo estaba iniciando los trámites para divorciarse de mí. Él no era salvo, y no quería tener nada que ver con la iglesia. Alguien me entregó un ejemplar de La trampa de Satanás. Lo leí y poco después me sentí totalmente libre de toda ofensa y amargura. Cuando mi esposo vio el cambio en mi vida, se entregó al Señor Jesucristo e interrumpió los trámites de divorcio". El esposo de esta señora estaba de pie junto a ella, sonriendo. Cuando ella terminó de hablar, él también confirmó los maravillosos cambios que se habían producido en su vida y su hogar.

El testimonio que más tocó mi corazón ocurrió cuando ministré en Naples, Florida. Antes de que yo hablara, un hombre de edad mediana, muy fornido, se puso de pie frente a la congregación y lloró mientras relataba su trágica historia: "Toda mi vida sentí que había un muro entre Dios y yo. Asistía a reuniones donde los demás sentían la presencia de Dios, mientras yo observaba como desde afuera y adormecido. Aun cuando oraba, no encontraba liberación ni sentía la presencia de Dios. Hace unas semanas me dieron el libro La trampa de Satanás. Lo leí de tapa a tapa. Comprendí que había caído en

---

como "ofensa/s" u "ofender" lo que en las versiones castellanas más conocidas se traduce como "tropiezo/s" o "tropezar" (N. de la T.).

la trampa de Satanás hace años. Odiaba a mi madre porque ella me abandonó cuando yo era un bebé de seis meses. Entonces comprendí que debía buscarla y perdonarla. La llamé y hablé con ella por segunda vez en mis treinta y seis años de vida. Llorando, le dije: "Mamá, he estado negándote el perdón durante toda mi vida por haberme entregado a otra persona". Ella también comenzó a llorar y me dijo: "Hijo, hace treinta y seis años que me odio a mí misma por haberte abandonado".

El hombre continuó: "La perdoné, y ella se perdonó a sí misma; ahora estamos reconciliados".

Entonces llegó lo más hermoso. "¡Ahora el muro que me separaba de Dios ha desaparecido!"

En este momento, perdió por completo la compostura y comenzó a llorar. Con gran esfuerzo logró decir las últimas palabras: "Ahora lloro en presencia del Señor como si fuera un bebé".

Conozco cuán fuerte y real puede llegar a ser esa cautividad. Yo mismo fui prisionero de ese sordo tormento durante años. Este libro no es teoría; es la Palabra de Dios hecha carne. Rebosa de verdades que he experimentado personalmente. Creo que le fortalecerá. Mientras lo lee, pídale al Maestro que aumente su fe. A medida que crece en la fe, Él recibirá la gloria y usted se llenará de gozo. Que Dios le bendiga ricamente.

—JOHN BEVERE

INTRODUCCIÓN

C ualquier persona que ha cazado animales utilizando trampas sabe que, para funcionar bien, una trampa debe cumplir dos requisitos. Primero, debe estar escondida, de modo que el animal que desea atrapar tropiece con ella, y debe tener una carnada, a fin de atraer al animal a su mortal engaño.

Satanás, el enemigo de nuestras almas, incorpora ambas estrategias, preparando las trampas más engañosas y mortales, bien ocultas y con su carnada lista.

Satanás y sus huestes no son tan fáciles de distinguir como muchos creen. El diablo es sutil y se deleita en el engaño. Es astuto, hábil y mañoso en su forma de operar. No olvidemos que puede disfrazarse de ángel de luz. Si no estamos preparados por medio de la Palabra de Dios para distinguir el bien del mal, no reconoceremos sus trampas como tales.

Una de sus carnadas más engañosas e insidiosas es algo que todo cristiano ha encontrado en su camino: las ofensas. En realidad, las ofensas en sí mismas no son mortales...si permanecen dentro de la trampa. No obstante, si las aceptamos, las consumimos y las dejamos entrar en nuestro corazón, nos ofendemos. Y las personas ofendidas producen mucho fruto: dolor, enojo, ira, celos, resentimiento, contienda, amargura, odio y envidia. Algunas de las consecuencias de caer en esta trampa son: insultos, ataques, heridas, divisiones, separaciones, relaciones rotas, traiciones y personas que se apartan del Señor.

Muchas veces, quienes son ofendidos ni siquiera se dan cuenta de que están atrapados. No pueden ver cuál es su situación, porque están concentrados solamente en el daño que se les ha hecho. Se encuentran en un estado de negación. La forma más efectiva que el enemigo utiliza para cegarnos es hacer que nos concentremos en nosotros mismos.

Este libro deja al descubierto esa trampa mortal y revela cómo escapar y mantenerse lejos de ella. Ser libre de toda ofensa es esencial para todo cristiano, ya que Jesús dijo que es imposible vivir en este mundo sin que se produzcan tribulaciones u ofensas (Lucas 17:1).

En las iglesias de los Estados Unidos y otras naciones donde he predicado este mensaje, más de la mitad de los asistentes ha respondido al llamado al altar. Aunque es un porcentaje de respuesta muy significativo, no llega a la totalidad. El orgullo hace que algunas personas no deseen responder. He visto personas que son sanadas, libertadas, llenas del Espíritu Santo y reciben respuestas a sus oraciones cuando son liberadas de esta trampa. Por lo general, comentan que han buscado durante años lo que recibieron en un instante una vez que fueron libres.

Desde las últimas décadas del siglo veinte, la Iglesia ha crecido de forma significativa en cuanto al conocimiento. Sin embargo, aun así, aparentemente estamos experimentando mayores divisiones entre creyentes, líderes y congregaciones. La razón de esto es que las ofensas abundan por falta de un amor genuino. "El conocimiento envanece, pero el amor edifica" (1 Corintios 8:1). Hay tantas personas cautivas en esta trampa engañosa que casi hemos llegado a creer que es una forma de vida normal.

No obstante, antes del regreso de Cristo, los verdaderos creyentes se unirán de un modo sin precedentes. Creo que un número increíble de hombres y mujeres serán liberados de esta trampa de la ofensa en la actualidad. Esa será una de las señales más importantes para el avivamiento en esta nación. Los que no son no creyentes verán a Cristo por medio de nuestro mutuo amor, aunque hasta este momento hayan estado ciegos a Él.

No creo en escribir un libro sólo por el hecho de hacerlo. Dios ha marcado con fuego este mensaje en mi corazón, y he visto que su fruto permanece. Cierta vez, luego de un culto en que prediqué este mensaje, un pastor me dijo: "Nunca he visto a tantas personas ser liberadas al mismo tiempo".

Dios me ha dicho en lo profundo de mi corazón que esto es sólo el comienzo. Muchos serán liberados, sanados y restaurados al leer este libro si obedecen la voz del Espíritu indicándoles qué hacer. Creo que a medida que usted lea las palabras escritas en estas páginas, el Maestro y Consejero las aplicará personalmente a su vida. Y cuando lo haga, la palabra revelada les dará mayor libertad a su vida y ministerio.

Oremos juntos para comenzar:

Padre, en el nombre de Jesús, te ruego que por medio de tu Espíritu me reveles tu Palabra a medida que leo este libro. Deja al descubierto cualquier cosa escondida en mi corazón que me haya impedido conocerte y servirte de forma más eficaz. Recibo la convicción de tu Espíritu y te ruego que me guíes con tu gracia para llevar a cabo lo que deseas de mí. Que pueda llegar a conocerte más íntimamente como resultado de escuchar tu voz por medio de la lectura de este libro.

LA FORMA EN QUE RESPONDEMOS A LAS OFENSAS DETERMINA CUÁL SERÁ NUESTRO FUTURO.

La trampa de Satanás ha cambiado nuestra vida y nuestro ministerio. Hemos leído el libro una y otra vez, y lo hemos incluido en enseñanzas que han transformado nuestra vida y la de muchos otros. Este mensaje es poderoso y necesario en este tiempo.

—S. Q., CONNECTICUT

¿OFENDIDO, YO?

Imposible es que no vengan tropiezos.

—LUCAS 17:1

A l viajar por razones de ministerio a lo largo y ancho de los Estados Unidos, he podido observar una de las más mortales y engañosas trampas del enemigo. Es una trampa que atrapa a una innumerable cantidad de cristianos, corta las relaciones y abre aun más las brechas que ya existen entre nosotros. Es la trampa de la ofensa.

Muchas personas no logran cumplir de forma efectiva su llamado debido a las heridas y los dolores que las ofensas han causado en su vida. Ese obstáculo los incapacita para funcionar según la plenitud de su potencial. La mayoría de las veces es otro creyente quien los ha ofendido, y esto hace que la persona que sufre la ofensa la viva como una traición. En el Salmo 55:12–14, David se lamenta: "Porque no me afrentó un enemigo, lo cual habría soportado; ni se alzó contra mí el que me aborrecía, porque me hubiera ocultado de él; sino tú, hombre, al parecer íntimo mío, mi guía, y mi familiar; que juntos comunicábamos dulcemente los secretos, y andábamos en amistad en la casa de Dios".

Estas son las personas con las que nos sentamos y con quienes cantamos, o quizá sea el que está predicando desde el púlpito. Pasamos nuestras vacaciones juntos, asistimos a las mismas reuniones sociales y compartimos la misma oficina. O quizá sea alguien aun más cercano. Crecemos con ellos, les confiamos nuestros secretos…dormimos con ellos. Mientras más estrecha es la relación, más grave será la ofensa. El odio más intenso se encuentra entre las personas que alguna vez estuvieron más unidas.

Los abogados pueden hablar de los peores casos que han manejado, y en su mayoría son los juicios de divorcio. Los medios nos informan continuamente sobre asesinatos cometidos por personas de una misma familia que han llegado a la desesperación. El hogar, que supuestamente debe ser un refugio lleno de protección, provisión y crecimiento, donde aprendamos a dar y recibir amor, muchas veces es la raíz misma de nuestro dolor. La historia nos demuestra que las guerras más sangrientas son las guerras civiles. Hermano contra hermano. Hijo contra padre. Padre contra hijo.

Las posibilidades de ofensas son tan infinitas como la lista de relaciones existente, ya sean sencillas o complejas. Esta antigua verdad aún es válida: sólo las personas a las que amamos pueden herirnos. Siempre esperamos más de ellos; después de todo, les hemos dado más de nosotros. Mientras más grandes son las expectativas, más profunda es la caída.

En nuestra sociedad reina el egoísmo. Hombres y mujeres buscan hoy sólo lo que desean, desatendiendo e hiriendo así a quienes los rodean. Esto no debe sorprendernos. La Biblia dice claramente que en los últimos días los hombres serán "amadores de sí mismos" (2 Timoteo 3:2). Es de esperar que los no creyentes sean así, pero Pablo aquí no está refiriéndose a los que están fuera de la iglesia...sino a quienes forman parte de ella. Muchos están heridos, lastimados, amargados. ¡Se sienten ofendidos! Sin embargo, no comprenden que han caído en la trampa de Satanás.

¿Es nuestra la culpa? Jesús dijo muy claramente que es imposible vivir en este mundo sin que exista la posibilidad de ser ofendidos. Con todo, la mayoría de los creyentes se sienten conmocionados, asombrados y atónitos cuando esto sucede. Creemos que somos los únicos a los que les ha sucedido. Esta actitud nos hace vulnerables a que crezca en nosotros una raíz de amargura. Por lo tanto, debemos estar preparados y armados para enfrentar las ofensas, porque la forma en que respondamos a ellas determinará cómo será nuestro futuro.

LA TRAMPA DEL ENGAÑO

La palabra griega que se utiliza en el texto de Lucas 7:1 para aludir al tropiezo (ofensa) deriva de la palabra skandalizo. Esta palabra se refería originalmente a la parte de la trampa en la que se colocaba la carnada. De allí que la palabra signifique algo así como colocar una trampa en el camino de una persona.[1] En el Nuevo Testamento muchas veces se utiliza para referirse a una trampa colocada por el enemigo. La ofensa es una herramienta del diablo para llevar cautivas a las personas. Pablo instruía al joven Timoteo, diciéndole:

> Porque el siervo del Señor no debe ser contencioso, sino amable para con todos, apto para enseñar, sufrido; que con mansedumbre corrija a los que se oponen, por si quizá Dios les conceda que se arrepientan para conocer la verdad, y escapen del lazo del diablo, en que están cautivos a voluntad de él.
>
> —2 Timoteo 2:24–26, énfasis añadido

Aquellos que luchan o se oponen caen en una trampa y son hechos prisioneros de la voluntad del diablo. Lo más alarmante es que no son conscientes de su estado. Como el hijo pródigo, deben volver en sí mismos y despertar para poder entender cuál es su verdadera situación. No comprenden que están vertiendo agua amarga en lugar de agua pura. Cuando una persona es engañada, cree que tiene la razón, aunque no sea así.

No importa cuál sea la situación, podemos dividir a todas las personas ofendidas en dos grandes categorías: (1) los que han sido tratados injustamente y (2) los que creen que han sido tratados injustamente. Los que corresponden a esta segunda categoría creen con todo su corazón que han sido tratados de forma injusta. Muchas veces, han sacado sus conclusiones basándose en una información inexacta. O su información es exacta, pero la conclusión está distorsionada. Sea cual sea el caso, se sienten heridos y su entendimiento está oscurecido. Juzgan basándose en presunciones, apariencias y comentarios de terceros.

EL VERDADERO ESTADO DEL CORAZÓN

Una forma en que el enemigo mantiene a la persona atada a tal estado es guardando la ofensa escondida, cubierta por el manto del orgullo. El orgullo impide que uno admita cuál es la verdadera situación.

Cierta vez, dos ministros hicieron algo que me hirió mucho. La gente me decía: "No puedo creer que te hayan hecho esto. ¿No te lastima lo que hicieron?".

Y yo respondía rápidamente: "No, estoy bien. No me causa dolor". Sabía que no era correcto sentirme ofendido, por lo cual negaba mi estado y lo reprimía. Me convencía a mí mismo de que no estaba ofendido, pero en realidad sí lo estaba. El orgullo cubría lo que en verdad sentía en mi corazón.

El orgullo impide que enfrentemos la verdad. Distorsiona nuestra visión. Cuando creemos que todo está bien, no cambiamos nada. El orgullo endurece el corazón y oscurece la visión de nuestro entendimiento. Nos impide ese cambio de corazón, el arrepentimiento, que nos puede hacer libres (ver 2 Timoteo 2:24–26).

El orgullo hace que nos consideremos víctimas. Nuestra actitud, entonces, se expresa así: "He sido maltratado y juzgado injustamente; por lo tanto, mi comportamiento está justificado". Creemos que somos inocentes y hemos sido acusados falsamente, y por consiguiente, no perdonamos. Aunque el verdadero estado de nuestro corazón esté oculto para nosotros, no lo está para Dios. El hecho de que hayamos sido maltratados no nos da permiso para aferrarnos a la ofensa. ¡Dos actitudes equivocadas no son iguales a una correcta!

LA CURA

En el libro de Apocalipsis, Jesús se dirige a la iglesia de Laodicea diciéndole, en primer lugar, que ella misma se considera rica, poderosa, como si no necesitara nada; pero luego deja al descubierto cuál es su verdadera situación: un pueblo "desventurado, miserable, pobre, ciego y desnudo" (Apocalipsis 3:14–20). Habían confundido su riqueza material con la fortaleza espiritual. El orgullo les ocultaba su verdadero estado.

Hoy en día hay muchas personas así. No ven cuál es el verdadero estado de su corazón, de la misma manera que yo no podía ver el resentimiento que sentía hacia esos ministros. Me había convencido a mí mismo de que no estaba herido. Jesús les dijo a los de Laodicea cómo salir de ese engaño: comprar oro de Dios y ver cuál era su verdadera situación.

Comprar oro de Dios.

La primera instrucción que les dio Jesús para ser libres del engaño fue: "Yo te aconsejo que de mí compres oro refinado en fuego" (Apocalipsis 3:18).

El oro refinado es suave y maleable, está libre de corrosión y otras sustancias. Cuando el oro está mezclado con otros metales (cobre, hierro, níquel, etc.), se vuelve duro, menos maleable y más corrosivo. Esta mezcla se llama "aleación". Cuanto mayor es el porcentaje de metales extraños, más duro es el oro. Por el contrario, cuanto menor es el porcentaje de aleación, más suave y maleable es el oro.

De inmediato vemos el paralelo: un corazón puro es como el oro puro (suave, maleable, manejable). Hebreos 3:13 dice que los corazones son endurecidos por el engaño del pecado. Si no perdonamos una ofensa, producirá más fruto de pecado, como amargura, ira y resentimiento. Estas sustancias agregadas endurecen nuestros corazones de la misma manera que una aleación endurece el oro. Ello reduce o elimina por completo la ternura, produciendo una pérdida de la sensibilidad. Nuestra capacidad de escuchar la voz de Dios se ve obstruida. Nuestra agudeza visual espiritual disminuye. Es un escenario perfecto para el engaño.

El primer paso para refinar el oro es molerlo hasta hacerlo polvo y mezclarlo con una sustancia llamada fundente. Luego, la mezcla se coloca en un horno donde se derrite con un fuego intenso. Las aleaciones e impurezas son captadas por el fundente y suben a la superficie. El oro, más pesado, permanece en el fondo. Entonces se quitan las impurezas o escorias (es decir, el cobre, hierro o zinc, combinados con el fundente) con lo cual el metal precioso queda puro.

Ahora observemos lo que dice Dios:

> He aquí te he purificado, y no como a plata; te he escogido en horno de aflicción.
>
> —Isaías 48:10

Y una vez más:

> En lo cual vosotros os alegráis, aunque ahora por un poco de tiempo, si es necesario, tengáis que ser afligidos en diversas

pruebas, para que sometida a prueba vuestra fe, mucho más preciosa que el oro, el cual aunque perecedero se prueba con fuego, sea hallada en alabanza, gloria y honra cuando sea manifestado Jesucristo.

—1 PEDRO 1:6, 7, ÉNFASIS AÑADIDO

Dios nos refina con aflicciones, pruebas y tribulaciones, cuyo calor aparta impurezas tales como la falta de perdón, la contienda, la amargura, el enojo, la envidia, y otras cosas por el estilo, del carácter de Dios en nuestra vida.

El pecado se esconde fácilmente cuando no está al calor de las pruebas y las aflicciones. En tiempos de prosperidad y éxito, aun un hombre malvado parece amable y generoso. No obstante, bajo el fuego de las pruebas, las impurezas salen a la superficie.

Hubo un tiempo en mi vida en que pasé por pruebas intensas, como nunca antes había enfrentado. Me volví rudo y cortante con las personas que estaban más cerca de mí. Mi familia y mis amigos comenzaron a evitarme.

Entonces clamé a Dios: "¿De dónde sale toda esta ira? ¡No estaba aquí antes!".

El Señor me respondió: "Hijo, es cuando el oro se derrite que brotan las impurezas". Luego me formuló una pregunta que cambió mi vida. "¿Puedes ver las impurezas en el oro antes de que sea puesto al fuego?"

"No", respondí.

"Pero eso no significa que no estén allí", dijo él. "Cuando te tocó el fuego de las pruebas, estas impurezas salieron a la superficie. Aunque estaban ocultas para ti, siempre fueron visibles para mí. Ahora tienes que tomar una decisión que afectará tu futuro. Puedes continuar enfadado, culpando a tu esposa, tus amigos, tu pastor y todas las personas con las que trabajas, o puedes reconocer la escoria de este pecado como lo que es y arrepentirte, recibir el perdón, y tomar mi cucharón para quitar todas esas impurezas de tu vida".

Ver cuál es nuestro verdadero estado.

Jesús dijo que nuestra capacidad para ver correctamente es otro elemento clave a fin de ser liberados del engaño. Muchas veces, cuando nos ofenden, nos vemos como víctimas y culpamos a los que nos

han herido. Justificamos nuestra ira, nuestra falta de perdón, el enojo, la envidia y el rencor que surgen. Algunas veces hasta nos resentimos con los que nos recuerdan a otras personas que nos han herido.
Por esta razón, Jesús aconsejó: "Unge tus ojos con colirio, para que
veas" (Apocalipsis 3:18). ¿Ver qué? ¡Ver cuál es nuestro verdadero
estado! Esa es la única forma en que podemos ser celosos y arrepentirnos, como Jesús ordena a continuación. Nos arrepentimos sólo
cuando dejamos de culpar a los demás.

Cuando culpamos a los demás y defendemos nuestra posición,
estamos ciegos. Luchamos por quitar la paja del ojo de nuestro hermano mientras tenemos una viga en nuestro ojo. La revelación de
la verdad es la que nos trae libertad. Cuando el Espíritu de Dios nos
muestra nuestro pecado, siempre lo hace de una forma que parece separada de nosotros. De esta manera nos trae convicción, no
condenación.

Mi oración es que a medida que usted lea este libro, la Palabra de
Dios alumbre los ojos de su entendimiento para que pueda ver cuál es
su verdadero estado y sea libre de cualquier ofensa que esté guardando en su interior. No deje que el orgullo le impida ver y arrepentirse.

UN CRISTIANO OFENDIDO RECIBE VIDA, PERO, DEBIDO AL TEMOR, NO PUEDE COMPARTIRLA.

Hace diez años, luego de veinte años de matrimonio, mi esposo me abandonó porque "ya no era feliz". Estaba completamente devastada. Había pasado bastante tiempo tratando de superar el dolor, el abandono y el rechazo que me causó su decisión. Le pedía a Dios que me ayudara a perdonarlo, y pensé que en verdad lo había hecho, pero todavía sentía esa herida en mi corazón que no podía sanar. Me resultaba muy doloroso cada vez que tenía que verlo. Luego de leer La trampa de Satanás, el Espíritu Santo me dirigió a hablar con mi antiguo esposo y pedirle que me perdonara por llevar esa ofensa dentro de mí. Hablamos por primera vez luego de diez años. ¡Ahora creo que en verdad fui sanada y libre! Le agradezco a Dios por libertarme de esa opresión que me había esclavizado por tanto tiempo.

—D. B., NUEVA YORK

2

OFENSA COLECTIVA

Muchos tropezarán entonces, y se entregarán unos a otros, y unos a otros se aborrecerán. Y muchos falsos profetas se levantarán, y engañarán a muchos; y por haberse multiplicado la maldad, el amor de muchos se enfriará. Mas el que persevere hasta el fin, éste será salvo.
—MATEO 24:10–13

E n este capítulo de Mateo, Jesús está presentando las señales del fin de esta era. Sus discípulos le preguntaron: "¿Cuál será la señal de tu venida?".

La mayoría de las personas está de acuerdo en que estamos en el tiempo de la segunda venida de Cristo. Es inútil tratar de señalar con exactitud el día de su regreso. Sólo el Padre lo sabe. Sin embargo, Jesús dijo que reconoceríamos el tiempo… ¡y es ahora! Nunca antes hemos visto tanto cumplimiento profético en la Iglesia, Israel y la naturaleza. Así que podemos decir confiadamente que estamos en el período de tiempo del que Jesús hablaba en Mateo 24.

Observemos una de las señales de su inminente regreso: "Muchos se ofenderán" (de acuerdo a la versión inglesa). No serán unos pocos, no serán algunos; serán muchos.

Primero debemos preguntarnos: "¿Quiénes son los ofendidos, los que tropezarán?". ¿Son cristianos o simplemente personas que viven en nuestra sociedad? Encontramos la respuesta cuando continuamos leyendo: "Y por haberse multiplicado la maldad, el amor de muchos se enfriará". La palabra griega que se traduce como "amor" en este texto es agape. Hay varias palabras griegas que se traducen como "amor" en el Nuevo Testamento, pero las más comunes son agape y filia.

Filia es el amor que se tienen los amigos. Es un amor afectuoso y condicional. El amor filia dice: "Tú me haces un favor y yo te lo devuelvo". O: "Si me tratas bien, yo también te trataré bien a ti".

Por otro lado, el amor agape es aquel que Dios derrama en los corazones de sus hijos. Es el mismo amor que Jesús nos da gratuitamente. Es incondicional. No está basado en nuestras acciones, ni siquiera en si recibe amor a cambio. Es un amor que da, aunque sea rechazado.

Sin Dios sólo podemos amar con un amor egoísta, un amor que no se da si no es recibido y correspondido. No obstante, el agape ama sin importar la respuesta. Este agape es el amor que Jesús mostró al perdonarnos en la cruz. Así que los "muchos" a los que se refiere Jesús son cristianos cuyo agape se ha enfriado.

Hubo un tiempo en que yo hacía todo lo posible para mostrarle a una determinada persona que la amaba. Con todo, parecía que cada vez que deseaba alcanzarla con mi amor, esa persona me devolvía malos tratos y críticas. La situación continuó durante meses, hasta que me harté.

Fui a quejarme ante Dios. "Ya basta. Ahora tendrás que explicarme esto. ¡Cada vez que le muestro amor a esta persona, me arroja odio en el rostro!"

El Señor comenzó a hablarme. "John, debes comenzar a tener fe en el amor de Dios".

"¿Qué quieres decir?", pregunté.

Entonces me explicó: "El que siembra para su carne, de la carne segará corrupción; mas el que siembra para el Espíritu, del Espíritu segará vida eterna. No nos cansemos, pues, de hacer bien; porque a su tiempo segaremos" (ver Gálatas 6:8, 9).

Necesitamos comprender que cuando sembramos el amor de Dios, segaremos el amor de Dios. Tenemos que desarrollar fe en esta ley espiritual, aunque no levantemos la cosecha en el campo espiritual en que la sembramos o no cosechemos tan pronto como desearíamos.

El Señor continuó. "En mi hora de mayor necesidad, mis amigos más cercanos me abandonaron. Judas me traicionó, Pedro me negó, y los demás huyeron para salvar sus vidas. Sólo Juan me siguió desde lejos. Yo había cuidado de ellos durante tres años, los había alimentado y les había enseñado. Sin embargo, mientras moría por los pecados del mundo, los perdoné. Liberé a todos, desde mis amigos que me habían abandonado hasta el guardia romano que me había crucificado. Ellos no me pidieron perdón, pero yo lo brindé gratuitamente. Yo confiaba en el amor del Padre.

"Sabía que dado que había sembrado amor, cosecharía amor de muchos hijos e hijas del reino. Debido a mi sacrificio de amor, ellos me amarían.

"Yo les dije: 'Amad a vuestros enemigos, bendecid a los que os maldicen, haced bien a los que os aborrecen, y orad por los que os ultrajan y os persiguen; para que seáis hijos de vuestro Padre que está en los cielos, que hace salir su sol sobre malos y buenos, y que hace llover sobre justos e injustos.

"'Porque si amáis a los que os aman, ¿qué recompensa tendréis? ¿No hacen también lo mismo los publicanos? Y si saludáis a vuestros hermanos solamente, ¿qué hacéis de más? ¿No hacen también así los gentiles?'" (Mateo 5:44–47).

GRANDES EXPECTATIVAS

Comprendí que el amor que daba estaba siendo sembrado en el Espíritu, y que finalmente cosecharía el fruto de esas semillas de amor. No sabía de dónde, pero sabía que la cosecha llegaría. Ya no volví a considerar un fracaso el hecho de que la persona que yo amaba no me correspondiera. ¡Eso me dio libertad para amarla aun más!

Muchos cristianos no se dejarían vencer ni se sentirían ofendidos si supieran esto. Por lo general esta no es la clase de amor que practicamos. Ofrecemos un amor egoísta que se siente decepcionado fácilmente cuando sus expectativas no son cumplidas.

Si tengo expectativas con respecto a una determinada persona, esa persona puede decepcionarme, a tal punto que no llegue a cumplir con mis expectativas. No obstante, si no tengo expectativas con respecto a ella, cualquier cosa que reciba es una bendición, no algo que me debe. Cuando requerimos de las personas con quienes nos relacionamos un determinado comportamiento, estamos preparándonos para ser ofendidos. Mientras más esperamos de los demás, mayor posibilidad de ofensa existe.

¿MUROS DE PROTECCIÓN?

El hermano ofendido es más tenaz que una ciudad fuerte, y las contiendas de los hermanos son como cerrojos de alcázar.

—Proverbios 18:19

Un hermano o una hermana ofendidos son más difíciles de ganar que una ciudad fortificada. Las ciudades fortificadas tenían muros a su alrededor. Estos muros eran los que aseguraban la protección de la ciudad. Mantenían fuera a los invasores y a las "visitas indeseadas". Se estudiaba a cada persona que entraba. Los que debían impuestos no podían ingresar hasta que hubieran pagado. Los que eran considerados una amenaza para la salud o la seguridad de la ciudad se quedaban afuera.

Cuando nos sentimos heridos, construimos muros alrededor de nuestro corazón para salvaguardarlo y evitar futuras heridas. Nos volvemos selectivos y le negamos la entrada a todos los que tememos que nos hieran. Rechazamos a todos los que creemos que nos deben algo. Les negamos el acceso hasta que hayan pagado todo. Le abrimos nuestra vida solamente a quienes pensamos que están de nuestro lado.

Sin embargo, muchas veces estas personas que "están de nuestro lado" también se sienten ofendidas. Así que, en lugar de ayudar, acumulamos más piedras sobre los muros que ya habíamos construido. Y sin que sepamos cómo sucede, estos muros de protección se convierten en una prisión. A esta altura, ya no sólo miramos con suspicacia a los que entran, sino que nos aterroriza la idea de salir de nuestra fortaleza.

Cuando nos sentimos ofendidos, miramos principalmente hacia adentro, en un movimiento introspectivo. Guardamos con cuidado nuestros derechos y nuestras relaciones personales. Consumimos nuestras energías tratando de asegurar que no se produzcan nuevas heridas. Si no nos arriesgamos a ser heridos, no podemos brindar amor incondicionalmente. El amor incondicional les da a los demás el derecho de herirnos.

El amor no busca lo suyo, pero las personas que se sienten heridas se vuelven cada vez más introspectivas y se limitan a sí mismas cada vez más. En este ambiente, el amor de Dios se enfría como la cera. Un ejemplo natural de este fenómeno se encuentra en los dos mares de la Tierra Santa. El Mar de Galilea recibe y entrega libremente agua. Tiene abundancia de vida y alberga a muchas especies de peces y plantas acuáticas. El agua del Mar de Galilea es llevada por el río Jordán al Mar Muerto. No obstante, el Mar Muerto sólo recibe agua; no la deja salir. No hay plantas ni peces en él. Las aguas vivas del Mar de Galilea mueren al mezclarse con las aguas estancadas del Mar Muerto. La vida no puede mantenerse si tratamos de aprisionarla, sino que debe ser entregada libremente.

De modo que un cristiano ofendido recibe vida, pero debido al temor no puede compartirla. Como consecuencia, aun la vida que entra a él se estanca dentro del muro o la prisión de la ofensa. El Nuevo Testamento se refiere a estos muros como fortalezas.

> Porque las armas de nuestra milicia no son carnales, sino poderosas en Dios para la destrucción de fortalezas, derribando argumentos y toda altivez que se levanta contra el conocimiento de Dios, y llevando cautivo todo pensamiento a la obediencia a Cristo.
>
> —2 CORINTIOS 10:4, 5

Estas fortalezas crean patrones de razonamiento por medio de los cuales se procesa toda la información entrante. Aunque originalmente fueron erigidas para protección, se convierten en una fuente de tormento y distorsión, porque se levantan contra el conocimiento de Dios.

Cuando filtramos todo lo que recibimos a través de los dolores, rechazos y experiencias negativas pasadas, nos resulta imposible creerle a Dios. No podemos creer que Él diga en serio lo que dice. Dudamos de su bondad y su fidelidad, porque lo juzgamos con los parámetros que los hombres han marcado en nuestra vida. ¡Pero Dios no es hombre! Él no puede mentir (Números 23:19). Sus caminos no son como nuestros caminos, y sus pensamientos no son como nuestros pensamientos (Isaías 55:8, 9).

Las personas ofendidas pueden encontrar versículos bíblicos que apoyen sus argumentos, pero no es así como Dios desea que se utilice su Palabra. El conocimiento de la Palabra de Dios sin amor es una fuerza destructora, porque nos llena de orgullo y legalismo (1 Corintios 8:1–3), lo cual hace que nos justifiquemos en lugar de arrepentirnos por la falta de perdón.

Esto crea una atmósfera en la que podemos ser engañados, dado que el conocimiento sin el amor de Dios nos lleva al engaño.

Jesús advierte sobre los falsos profetas inmediatamente después de hablar de los muchos que serán ofendidos: "Y muchos falsos profetas se levantarán, y engañarán a muchos" (Mateo 24:11). ¿Quiénes son esos muchos a los que engañarán? Respuesta: Los ofendidos cuyo amor se ha enfriado (Mateo 24:12).

FALSOS PROFETAS

Jesús les llama "lobos con piel de cordero" a los falsos profetas (Mateo 7:15). Son hombres que buscan lo suyo, que aparentemente son cristianos (usan la "piel de cordero"), pero en su interior tienen naturaleza de lobo. A los lobos les gusta andar rondando a las ovejas. Se los encuentra tanto en la congregación como en el púlpito. Son enviados por el enemigo para infiltrarse y engañar. Deben ser identificados por su fruto, no por sus enseñanzas ni por sus profecías. Muchas veces, su enseñanza parece ser sana, mientras que el fruto que se ve en sus vidas y ministerios no lo es. Un ministro, un cristiano, es lo que vive, no lo que predica.

Los lobos siempre persiguen a las ovejas heridas o jóvenes, no a las que son fuertes y sanas. Ellos les dicen a las personas lo que desean oír, no lo que necesitan escuchar. Esas personas no desean una sana doctrina; lo que quieren es a alguien que halague sus oídos. Veamos qué dice Pablo sobre los últimos días:

> También debes saber esto: que en los postreros días vendrán tiempos peligrosos. Porque habrá hombres [...] implacables [...] que tendrán apariencia de piedad, pero negarán la eficacia de ella; a éstos evita [...] Porque vendrá tiempo cuando no sufrirán la sana doctrina, sino que teniendo comezón de oír, se amontonarán maestros conforme a sus propias concupiscencias, y apartarán de la verdad el oído y se volverán a las fábulas.
>
> —2 Timoteo 3:1–5; 4:3, 4, énfasis añadido

Observe que estos hombres tendrán una apariencia de piedad o "cristianismo", pero negarán su eficacia. ¿Cómo lo harán? Negando que el cristianismo puede hacer que pasen de la falta de perdón al perdón. Se jactarán de ser seguidores de Jesús y proclamarán que han "nacido de nuevo", pero aquello de lo que se jactan no ha logrado atravesar sus corazones y producir el carácter de Cristo.

LA GENERACIÓN DE LA INFORMACIÓN

Pablo podía ver proféticamente que estos hombres y mujeres engañados tendrían el celo de obtener conocimiento, pero permanecerían sin cambios porque jamás lo aplicarían. Él los describió como personas que "siempre están aprendiendo, y nunca pueden llegar al conocimiento de la verdad" (2 Timoteo 3:7).

Si Pablo viviera hoy, se entristecería al ver que lo que él predijo está cumpliéndose. Vería multitudes de hombres y mujeres asistiendo a campañas evangelísticas, seminarios y cultos en las iglesias, acumulando conocimientos sobre la Biblia. Los vería rondar en búsqueda de una "nueva revelación", a fin de vivir vidas más exitosas...y egoístas. Vería ministros que arrastran a otros ministros a los tribunales por "causas justas".

Vería publicaciones y programas de radio y televisión cristiana donde se ataca a hombres y mujeres de Dios con nombre y apellido. Vería a los carismáticos yendo de iglesia a iglesia, escapando de las ofensas, profesando el señorío de Jesucristo al tiempo que no logran perdonar. Pablo clamaría: "¡Arrepentíos, y sed libres de vuestro engaño, generación de hipócritas egoístas!".

No importa cuán actualizado está usted con respecto a las nuevas revelaciones, ni a cuántos seminarios e institutos bíblicos ha asistido, ni cuántos libros ha leído, ni siquiera cuántas horas diarias ora y estudia. Si está ofendido y no ha perdonado, y se niega a arrepentirse de este pecado, no ha llegado a conocer la verdad. Está engañado, y confunde a los demás con su estilo de vida hipócrita. No importa cuál sea la revelación que tenga, su fruto cuenta una historia diferente. Se convertirá en una fuente de la que brota agua amarga que produce engaño, no verdad.

TRAICIÓN

Muchos tropezarán entonces, y se entregarán unos a otros, y unos a otros se aborrecerán.

—MATEO 24:10, ÉNFASIS AÑADIDO

Examinemos esta afirmación. Si observamos con cuidado, encontraremos una progresión. Una ofensa (tropiezo) lleva a la traición (la entrega) y la traición lleva al odio.

Como hemos dicho antes, las personas que han sido ofendidas construyen muros para protegerse. Comienzan a concentrarse en la autopreservación. Deben estar protegidas y seguras a cualquier costo. Esto las hace capaces de traicionar a otros. Cuando traicionamos a alguien, estamos buscando protegernos o beneficiarnos a costa de otra persona; por lo general, de alguien con quien estamos relacionados.

Por lo tanto, una traición en el reino de Dios se produce cuando un creyente busca su propio beneficio o protección a expensas de otro. Mientras más estrecha es la relación, más grave es la traición. La traición es la máxima ruptura del pacto. Cuando se produce una traición, la relación no puede ser restaurada a menos que vaya seguida de un genuino arrepentimiento.

La traición, entonces, lleva al odio, con consecuencias muy graves. La Biblia dice claramente que cualquier persona que odia a su hermano es homicida, y que no tiene vida eterna permanente en él (1 Juan 3:15).

¡Qué triste que podamos encontrar ejemplo tras ejemplo de ofensas, traiciones y odio entre los creyentes en la actualidad! Es algo tan generalizado en nuestros hogares e iglesias que se le considera un comportamiento normal. Estamos demasiado adormecidos como para lamentarnos cuando un ministro acusa a otro frente al tribunal. Ya no nos sorprende que una pareja cristiana inicie un juicio de divorcio. Las divisiones en las iglesias son comunes y predecibles. Las políticas de los ministerios se definen como en el mundo. Se presentan como algo que responde a los mejores intereses del reino o de la iglesia.

Los "cristianos" defienden sus derechos, asegurándose de que ningún otro cristiano se aproveche de ellos o los maltrate. ¿Hemos olvidado la exhortación del nuevo pacto?

> ¿Por qué no sufrís más bien el agravio? ¿Por qué no sufrís más bien el ser defraudados?
>
> —1 Corintios 6:7

¿Hemos olvidado las palabras de Jesús?

> Pero yo os digo: Amad a vuestros enemigos, bendecid a los que os maldicen, haced bien a los que os aborrecen, y orad por los que os ultrajan y os persiguen.
>
> —Mateo 5:44

¿Hemos olvidado el mandato de Dios?

Nada hagáis por contienda o por vanagloria; antes bien con humildad, estimando cada uno a los demás como superiores a él mismo.

—Filipenses 2:3

¿Por qué no vivimos según estas leyes de amor? ¿Por qué somos tan rápidos para traicionarnos en lugar de entregar nuestras vidas unos por otros, aun arriesgándonos a ser engañados? Respuesta: Nuestro amor se ha enfriado, lo cual trae como consecuencia que deseemos continuar protegiéndonos. Cuando estamos tratando de cuidarnos a nosotros mismos, no podemos entregarle confiadamente nuestro cuidado a Dios.

Cuando Jesús sufrió maltrato, no devolvió mal por mal, sino que le confió su alma a Dios, quien juzgaría justamente. Nosotros debemos seguir sus pasos.

Pues para esto fuisteis llamados; porque también Cristo padeció por nosotros, dejándonos ejemplo, para que sigáis sus pisadas; el cual no hizo pecado, ni se halló engaño en su boca; quien cuando le maldecían, no respondía con maldición; cuando padecía, no amenazaba, sino encomendaba la causa al que juzga justamente.

—1 Pedro 2:21–23

EL QUE NOS CAPACITA

Debemos llegar a un punto en que confiemos solamente en Dios y no en la carne. Muchos dicen con sus labios que Dios es su Padre, pero viven como huérfanos. Manejan sus vidas con sus propias manos al tiempo que con su boca dicen: "Él es mi Dios y Señor".

A esta altura del libro usted ya sabe cuán serio es el pecado de la ofensa. Si no se soluciona, la ofensa lleva finalmente a la muerte. Sin embargo, cuando nos resistimos a la tentación de sentirnos ofendidos, Dios nos da una gran victoria.

SI EL DIABLO PUDIERA DESTRUIRNOS CUANDO ÉL QUISIERA, NOS HABRÍA BORRADO DE LA FAZ DE LA TIERRA HACE YA LARGO TIEMPO.

Antes de leer este libro, me encontraba en un punto en el que no tenía ninguna comunicación con Dios. Había sido salvada, pero existía algo entre Dios y yo que no estaba muy bien. Sabía que el error no era de parte del Señor, pero no sabía con exactitud cuál era el problema. Un día estaba visitando a una amiga que tenía La trampa de Satanás, de John Bevere. Lo traje a casa y comencé a leerlo. No podía dejar el libro ni por un momento. Este contenía una unción muy grande, y mi espíritu justo lo devoraba. Cuando me encontraba casi a mitad del libro, de pronto me percaté de que aquello que estaba entorpeciendo mi relación con el Señor era precisamente un espíritu de ofensa.

—C. C., GEORGIA

3

¿CÓMO PUDO SUCEDERME ESTO?

Y les respondió José [...] Vosotros pensasteis mal
contra mí, mas Dios lo encaminó a bien.
—GÉNESIS 50:19, 20

En el primer capítulo agrupamos a todas las personas ofendidas en dos grandes categorías: (1) aquellas que han sido realmente tratadas de forma injusta y (2) aquellas que creen haber sido tratadas de forma injusta, pero en realidad no lo fueron. En este capítulo quiero referirme a la primera categoría.

Comencemos formulándonos una pregunta: Si hemos sido verdaderamente tratados de forma injusta, ¿tenemos derecho a sentirnos ofendidos? Para responder a esta pregunta, estudiemos la vida del hijo favorito de Jacob: José (ver Génesis 37—48).

EL SUEÑO SE CONVIERTE EN PESADILLA

José era el hijo número once de Jacob. Sus hermanos mayores lo despreciaban, porque su padre lo favorecía y lo había destacado regalándole una túnica de varios colores. Dios le dio dos sueños a José. En el primero, vio manojos de granos en medio del campo. Su manojo estaba erguido, y los de sus hermanos se inclinaban ante él. En el segundo sueño, vio la luna, el sol y once estrellas (que representaban a su padre, su madre y sus hermanos) inclinándose ante él. Cuando José les relató estos sueños a sus hermanos, naturalmente ellos no compartieron su entusiasmo. Sólo lo odiaron todavía más.

Poco después, sus diez hermanos mayores llevaron al ganado de su padre a pastar al campo. Cuando vieron venir a José, conspiraron contra él, diciendo: "Ahí viene el soñador. ¡Matémoslo! Entonces veremos qué será de sus sueños. Él dice que va a ser líder por encima de nosotros. ¡Que trate de gobernarnos estando muerto!" Así que lo echaron en un pozo para que muriera. Lo despojaron de la túnica, la rasgaron, y la mancharon con sangre de animales para convencer a su padre de que José había sido devorado por una bestia salvaje.

Sin embargo, luego de arrojarlo al pozo, vieron a un grupo de ismaelitas que iba camino a Egipto. Entonces Judá dijo: "Oigan, esperen un minuto, muchachos. Si lo dejamos morir en el pozo, no nos será de ningún provecho. Hagamos algo de dinero, vendámoslo como esclavo. Para nosotros será lo mismo que si hubiera muerto: ¡nunca volverá a molestarnos, y nos repartiremos el botín!'. Así que lo vendieron por veinte piezas de plata. José los había ofendido, por eso lo traicionaron, quitándole su familia y su herencia. Tengamos en cuenta que fueron sus hermanos quienes hicieron todo esto: hijos de un mismo padre, su misma carne y sangre.

Ahora bien, nuestra cultura es tan diferente de la de estos hombres que nos resulta difícil comprender la gravedad de lo que hicieron. Sólo matarlo podría haber sido peor. En tiempos bíblicos, era muy importante tener hijos. Los hijos de un hombre llevaban su nombre y heredaban todo lo que él tenía. Los hermanos de José le impidieron recibir el nombre de su padre y su herencia. Borraron su nombre, quitándole por completo su identidad. Todo lo que era conocido para José desapareció.

Cuando una persona era vendida como esclava a otro país, continuaba siendo esclava hasta su muerte. La mujer con quien José se casara sería esclava, y todos sus hijos también lo serían.

Hubiera sido difícil nacer esclavo, pero era indescriptiblemente peor haber nacido para heredar una fortuna y un gran futuro, y que de repente todo eso le fuera quitado. Habría sido más fácil si José no hubiera sabido lo que podría haber recibido. Fue como si muriera en vida. Estoy seguro de que se sintió tentado a desear que sus hermanos lo hubieran matado. Lo que debemos recordar es que lo que los hermanos de José hicieron fue malo y cruel.

PERCEPCIÓN RETROSPECTIVA

Quizás usted, que ha leído hasta aquí mi paráfrasis de la historia de José, conoce el final del relato. Es una historia muy inspiradora cuando uno conoce el final. Sin embargo, José no lo experimentó así. Parecía que nunca volvería a ver a su padre ni vería cumplirse el sueño que Dios le había dado. Era esclavo en un país extraño. No podía salir de Egipto. Le pertenecía a otro hombre para toda la vida.

José fue vendido a un hombre llamado Potifar, un oficial del Faraón y capitán de la guardia. Le sirvió durante aproximadamente diez años. Nunca tuvo noticias de sus familiares, y sabía que su padre creía que estaba muerto. Sus vidas habían continuado sin él. José no tenía esperanzas de que su padre lo rescatara.

A medida que pasaba el tiempo, José halló favor ante los ojos de su amo. Lo trataban bien. Potifar puso a José por sobre toda su casa y todo lo que tenía.

No obstante, al mismo tiempo que las circunstancias parecían prometedoras para José, algo muy extraño comenzaba a gestarse en la mente de la esposa de su amo. Ella lo miraba con ojos anhelantes y deseaba cometer adulterio con él. Diariamente trataba de seducirlo, y él se negaba. Un día que la mujer de Potifar estaba sola con José en la casa, lo acorraló, insistiendo para que se acostara con ella. Él se negó y huyó, dejando su túnica en los puños apretados de la mujer. Entonces la mujer se sintió avergonzada y gritó: "¡Violación!". Y Potifar hizo que echaran a José en la cárcel de Faraón.

Ahora bien, la prisión de Faraón no era nada semejante a las prisiones modernas. He ministrado en varias prisiones, y por desagradables que sean, son como clubes de campo comparadas con esos oscuros y húmedos pozos. No había luz solar ni espacios para practicar gimnasia, sólo un cuarto o un pozo hundido sin ninguna luz ni calor. Las condiciones de estos lugares iban de terribles a deshumanizadoras. A los prisioneros se les dejaba para que se pudrieran allí mientras sobrevivían a pan y agua "de aflicción" (1 Reyes 22:27). Se les daba sólo la comida necesaria a fin de que sobrevivieran para hacerlos sufrir. Según el Salmo 105:18, los pies de José fueron apresados con grillos de hierro. Lo arrojaron a ese hoyo para que muriera.

Si hubiera sido egipcio, habría tenido alguna oportunidad de ser liberado, pero como esclavo extranjero, acusado de violación, prácticamente no tenía esperanzas. Las cosas no podían haber salido peor. José había caído hasta lo más bajo que puede llegar una persona sin haber muerto.

¿Puede usted oír lo que José pensaba en la húmeda oscuridad de ese calabozo? Serví a mi amo con honestidad e integridad durante más de diez años. Le soy más fiel que su propia esposa. Fui leal a Dios y a mi amo, huí de la inmoralidad sexual cada día. ¿Y cuál es mi recompensa? ¡Un calabozo!

Parece que cuanto más trato de hacer el bien, peor se ponen las cosas. ¿Cómo puede Dios permitir esto? ¿Me habrán robado mis hermanos la promesa de Dios también? ¿Por qué este poderoso Dios del pacto no ha intervenido a mi favor? ¿Así cuida a sus siervos ese Dios amoroso y fiel? ¿Por qué yo? ¿Qué he hecho para merecer esto? Yo sólo creí que había escuchado hablar a Dios.

Estoy seguro de que José luchó con pensamientos como estos.

José gozaba de una libertad muy limitada en su vida, pero aun así tenía el derecho de elegir la forma en que respondería a todo lo que le sucedía. ¿Se ofendería, sentiría amargura hacia sus hermanos, y también hacia Dios? ¿Daría por perdida toda esperanza de que se cumpliera la promesa, eliminando así el último incentivo que le quedaba para vivir?

¿Está Dios en control?

Imagino que hasta que todo terminó, jamás pasó por la mente de José la idea de que todo esto era el proceso por el que Dios lo hacía pasar a fin de prepararlo para gobernar. ¿Cómo utilizaría su futura autoridad sobre esos hermanos que lo habían traicionado? José estaba aprendiendo a ser obediente por medio de todo lo que padecía. Sus hermanos fueron instrumentos hábilmente utilizados por la mano de Dios. ¿Se mantendría fiel José a la promesa, buscando a Dios?

Quizá cuando José tuvo sus sueños los vio como una confirmación del favor de Dios sobre su vida. Aún no había aprendido que la autoridad nos es dada para que sirvamos, no para apartarnos de los demás. Muchas veces, en estos períodos de preparación, nos concentramos en lo imposibles que son nuestras circunstancias, en lugar de en la grandeza de Dios. Por consiguiente, nos desalentamos y necesitamos culpar a alguien, así que buscamos a quien nos parece que es culpable de nuestro infortunio. Cuando enfrentamos el hecho de que Dios podría haber evitado todo ese dolor y no lo hizo, muchas veces lo culpamos a Él.

Esto era lo que resonaba en la mente de José: "Yo he vivido según lo que sé de Dios. No he transgredido sus estatutos ni su naturaleza.

Sólo estaba comentando un sueño que Dios mismo me dio. ¿Y cuál es el resultado? ¡Mis hermanos me traicionan y soy vendido como esclavo! Mi padre piensa que estoy muerto y no viene a Egipto a buscarme".

Para él, todo se reducía a lo que sus hermanos le habían hecho. Ellos eran la fuerza que lo había echado en este calabozo. Quizá José pensaba cuán diferentes serían las cosas cuando él tuviera el poder, cuando Dios lo pusiera en la posición de autoridad que había visto en sus sueños. Cuán diferente habría sido todo si sus hermanos no hubieran malogrado su futuro.

¿Cuántas veces escuchamos a nuestros hermanos y hermanas caer en la misma trampa de asignar culpas? Por ejemplo:

"Si no fuera por mi esposa, yo estaría en el ministerio. Ella me lo impide. Ha arruinado muchas cosas con las que soñaba".

"Si no hubiera sido por mis padres, habría tenido una vida normal. Ellos tienen la culpa de la situación en que me encuentro ahora. ¿Cómo puede ser que otros tengan padres normales y yo no? Si mi padre y mi madre no se hubieran divorciado, a mí me habría ido mucho mejor en mi matrimonio".

"Si no fuera porque mi pastor reprime mi don, yo sería libre y no tendría obstáculos. Él ha estado impidiendo que cumpla con mi destino para el ministerio. Ha puesto a la gente de la iglesia en mi contra".

"Si no hubiera sido por mi ex esposo, mis hijos y yo no tendríamos todos estos problemas económicos".

"Si no hubiera sido por esa mujer de la iglesia, yo tendría aún el favor de los líderes. Me ha destruido de tal forma con sus murmuraciones que ya no tengo esperanzas de que nadie me respete".

La lista no tiene fin. Es fácil culpar a todos los demás por los problemas que tenemos e imaginar cuánto mejor estaríamos si no hubiera sido por los que nos rodean. Sabemos que nuestro dolor y nuestra desilusión son culpa de ellos.

Quisiera enfatizar el siguiente punto: ¡Absolutamente ningún hombre, mujer, niño o demonio puede jamás alejarnos de la voluntad de Dios! Nadie sino Dios tiene nuestro destino en sus manos. Los hermanos de José trataron con todo empeño de destruir la visión que Dios le había dado. Pensaron que era el fin de José. Dijeron con sus propios labios: "Ahora, pues, venid, y matémosle y echémosle en una cisterna, y diremos: Alguna mala bestia lo devoró; y veremos qué será de sus sueños" (Génesis 37:20, énfasis añadido). Estaban

decididos a destruirlo. No se trató de un accidente. Fue algo delibe-
rado. No deseaban que tuviera oportunidad alguna de llegar al éxito.

Ahora bien, puede ser que usted piense que cuando ellos lo vendieron como esclavo, el Dios de los cielos miró a Jesús y al Espíritu
Santo y dijo: "¿Qué haremos ahora? Miren lo que sus hermanos
hicieron. Han arruinado nuestro plan para José. ¡Será mejor que
pensemos algo rápido! ¿Tenemos algún plan alternativo?"

Muchos cristianos responden a las situaciones de crisis como si
fuera esto lo que sucede en el cielo. Se imaginan al Padre diciéndole a
Jesús: "Hijo, acaban de despedir a Jim de su trabajo porque un compañero suyo que es cristiano mintió con respecto a él. ¿Qué podemos hacer ahora? ¿Tenemos algún puesto vacante por allá abajo?".
O: "Jesús, Sally tiene treinta y cuatro años y sigue soltera. ¿Tienes
algún muchacho disponible para ella allá? El hombre que quería para
Sally se casó con su mejor amiga, porque ésta habló mal de ella y lo
convenció". Suena absurdo, pero la forma en que muchas veces reaccionamos insinúa que así vemos a Dios.

Veamos cómo se comportaría José si estuviera en alguna de nuestras iglesias en la actualidad. Si fuera como la mayoría de nosotros,
¿sabe usted qué estaría haciendo? Planeando su venganza. Se con-
solaría con pensamientos como: "¡Cuando les ponga las manos encima, los mataré! Los mataré por lo que me han hecho. Tendrán que
pagar por esto".

No obstante, si José hubiera tenido esa actitud, Dios lo habría
dejado para que se pudriera en el calabozo. Porque si hubiera salido de allí con ese motivo, habría matado a las cabezas de diez de las
doce tribus de Israel. Y esto incluiría a Judá, de cuyo linaje luego
descendería Cristo.

¡Sí, los que trataron con tanta saña a José fueron los patriarcas
de Israel! Y Dios le había prometido a Abraham que de ellos saldría
una nación. Por medio de ellos, finalmente vendría Jesús al mundo.
José se mantuvo libre de la ofensa, y el plan de Dios se consolidó en
su vida y en las vidas de sus hermanos.

¿PODRÍA SER AUN PEOR?

La prisión fue un tiempo en el que José fue duramente zarandeado,
pero también resultó un período de oportunidades. Había dos prisioneros con él, y ambos tuvieron sueños muy vívidos y perturbadores.

José interpretó ambos con increíble exactitud. Uno de los hombres recuperaría su puesto, mientras que el otro sería ejecutado. José le pidió al que recuperaría su puesto que se acordara de él cuando recobrara el favor de Faraón. Ese hombre volvió al servicio de Faraón, pero pasaron dos años sin tener noticias de él. Esta fue otra desilusión para José, una nueva oportunidad de ofenderse.

Dios siempre tiene un plan

Llegó un momento en que Faraón tuvo un sueño verdaderamente alarmante. Ninguno de sus magos o sabios pudo darle una explicación. Fue entonces que el siervo que había vuelto a su puesto después de estar en la cárcel con José recordó a su antiguo compañero. Él le comentó a Faraón que José había interpretado los sueños de su compañero y de él mismo cuando estaba en la prisión. José fue llevado ante de Faraón y le explicó lo que significaba el sueño (que se acercaba una gran hambruna), indicándole sabiamente cómo prepararse para la crisis. Faraón ascendió de inmediato a José, quien llegó a ser el segundo hombre al mando en toda la tierra de Egipto. José, gracias a la sabiduría que Dios le había dado, se había preparado para la terrible hambruna que se acercaba.

Luego, cuando la hambruna predicha atacó a todas las naciones vecinas, los hermanos de José debieron acudir a Egipto para pedir ayuda. Si José hubiera tenido algo en su corazón en contra de sus hermanos, ese habría sido el momento para llevarlo a cabo. Podría haberlos echado en la cárcel de por vida, haberlos torturado y hasta haberlos matado sin que nadie pudiera inculparlo, ya que era el segundo en autoridad en todo Egipto. Sus hermanos no tenían ninguna importancia especial para Faraón.

Sin embargo, José les proporcionó granos sin cobrarles nada. Después les dio de las mejores tierras de Egipto para sus familias, y comieron de la grosura de la tierra. En resumen, recibieron lo mejor de todo Egipto. José terminó bendiciendo a los que lo habían maldecido, y haciéndoles el bien a quienes lo odiaban (ver Mateo 5:44).

Dios sabía lo que los hermanos de José iban a hacer antes de que lo hicieran. En realidad, el Señor sabía que lo harían antes de darle esos sueños a José, antes de que cualquiera de los hermanos naciera.

Para ir un paso más allá, veamos qué fue lo que José les dijo a sus hermanos cuando se reencontraron. "Ahora, pues, no os entristezcáis, ni os pese de haberme vendido acá; porque para preservación de vida me envió Dios delante de vosotros. Pues ya ha habido dos años de hambre en medio de la tierra, y aún quedan cinco años en los cuales ni habrá arada ni siega. Y Dios me envió delante de vosotros, para preservaros posteridad sobre la tierra, y para daros vida por medio de gran liberación. Así, pues, no me enviasteis acá vosotros, sino Dios" (Génesis 45:5–8, énfasis añadido).

Observemos lo que dice el salmista: "Trajo hambre sobre la tierra, y quebrantó todo sustento de pan. Envió un varón delante de ellos; a José, que fue vendido por siervo" (Salmo 105:16, 17, énfasis añadido).

¿Quién envió a José? ¿Sus hermanos o Dios? De la boca de dos testigos oímos que fue Dios quien lo envió. José les dijo claramente a sus hermanos: "No me enviasteis acá vosotros". ¡Escuche lo que dice el Espíritu!

Como ya hemos afirmado, ningún ser humano mortal o demonio puede cambiar los planes de Dios para nuestras vidas. Si nos aferramos a esta verdad, ella nos hará libres. No obstante, hay una sola persona que puede sacarnos de la voluntad de Dios…¡y somos nosotros mismos!

Tomemos, por ejemplo, a los hijos de Israel. Dios había enviado a un libertador, Moisés, para sacarlos de la esclavitud en Egipto y llevarlos a la Tierra Prometida. Después de un año en el desierto, enviaron líderes como espías para reconocer la tierra. Ellos regresaron quejándose. Tenían temor de las naciones de esa tierra, que eran superiores en número y más fuertes en el aspecto militar.

Todo el pueblo, excepto Josué y Caleb, le dio la razón a estos líderes. El pueblo sentía como si Dios los hubiera sacado al desierto para morir. Estaban ofendidos con Moisés y Dios. Este esquema había estado repitiéndose durante más de un año. Como resultado de su actitud, esa generación jamás llegó a ver la tierra que Dios prometió que poseerían.

Muchas personas han estado sirviendo fielmente al Señor y han soportado situaciones muy difíciles en su vida porque algún hombre malvado o un cristiano carnal las ha tratado mal. La verdad es que han sido tratadas injustamente. No obstante, al ofenderse sólo están cumpliendo el propósito del enemigo, que desea sacarlos de la voluntad de Dios.

Si nos mantenemos libres de ofensas, permaneceremos dentro de la voluntad de Dios. Si nos ofendemos, seremos tomados cautivos por el enemigo para cumplir su propósito y su voluntad. Usted elige. Es mucho más beneficioso mantenerse alejado de las ofensas.

Debemos recordar que nada puede venir en contra nuestra sin que el Señor lo sepa antes de que suceda. Si el diablo pudiera destruirnos cuando él quisiera, nos habría borrado de la faz de la tierra hace ya largo tiempo, porque él odia apasionadamente al ser humano. Siempre tengamos en cuenta esta exhortación:

> No os ha sobrevenido ninguna tentación que no sea humana; pero fiel es Dios, que no os dejará ser tentados más de lo que podéis resistir, sino que dará también juntamente con la tentación la salida, para que podáis soportar.
>
> —1 Corintios 10:13, énfasis añadido

Notemos que dice "la salida", no "una salida". Dios ya ha visto todas las circunstancias adversas que enfrentaremos, sean grandes o pequeñas, y ya tiene planeada la salida para escapar de ellas. Y lo que es más emocionante aún, muchas veces eso mismo que parece la causa de que el plan de Dios se interrumpa acaba siendo el camino para su cumplimiento si permanecemos en obediencia y libres de toda ofensa.

Así que recuerde: Manténgase continuamente sometido a Dios, sin abrigar ofensa alguna; resista al diablo, y éste huirá de usted (Santiago 4:7). Resistimos al diablo cuando no aceptamos ofendernos. Es probable que el sueño o la visión se cristalice de una forma diferente a como nosotros lo planeamos, pero la Palabra de Dios y sus promesas no fallarán. La única posibilidad de que se frustren se produce cuando desobedecemos.

OTRA CLASE DE TRAICIÓN

No muchas personas han sido tratadas como José fue tratado por sus hermanos. No habría sido tan doloroso si hubieran sido sus enemigos los que lo hicieron. Sin embargo, se trataba de sus hermanos, su carne y su sangre. Eran aquellos que supuestamente debían alentarlo, apoyarlo, defenderlo y cuidarlo. ¿Podría haber una situación peor de maltrato que la que debió soportar José?

UNA COSA ES EXPERIMENTAR RECHAZO Y MALICIA DE PARTE DE UN HERMANO O HERMANA, PERO ES TOTALMENTE DIFERENTE CUANDO EL RECHAZO Y LA MALICIA PROVIENEN DE NUESTRO PADRE.

Soy profesor de secundaria y bachillerato. Recientemente, leí La trampa de Satanás, el cual trajo varias revelaciones a mi vida. Compartí el vídeo con mis estudiantes, y la presencia del Espíritu Santo se sintió con tanta fuerza en nuestra clase que todos comenzaron a confesar ofensas y a pedir perdón. Varios muchachos dijeron que había sido el mejor día de todo el año. Un estudiante se reconcilió con su padre luego de haber tenido una enorme discusión; otro comenzó un proceso para sanar las profundas heridas en la relación con su abuela. El Señor en verdad ministró a estos chicos de una forma poderosa. Gracias por este mensaje.

—R. F., INDIANA

4

¡PADRE MÍO, PADRE MÍO!

> Y mira, padre mío [...] Conoce, pues, y ve que no hay mal ni traición en mi mano, ni he pecado contra ti; sin embargo, tú andas a caza de mi vida para quitármela.
>
> —1 SAMUEL 24:11

E n el capítulo anterior vimos que los hermanos de José deseaban destruirlo. Vimos el dolor que él experimentó debido a esta traición. Quizá esté en una situación similar. Ha sido traicionado por aquellos que estaban más cerca de usted, personas de las que esperaba recibir aliento y amor.

En este capítulo quisiera hablar de algo más doloroso aún que el ser traicionado por un hermano. Una cosa es experimentar rechazo y malicia de parte de un hermano o hermana, pero es totalmente diferente cuando el rechazo y la malicia provienen de nuestro padre. Y cuando hablo de padres, no sólo me refiero a los padres biológicos, sino a cualquier líder que Dios haya puesto por encima de nosotros. Esas personas que creímos que nos amarían, nos capacitarían, nos ayudarían a crecer y cuidarían de nosotros.

UNA RELACIÓN DE AMOR-ODIO

Para estudiar el ejemplo de un padre que traicionó a su hijo, estudiemos la relación entre el rey Saúl y David (ver 1 Samuel 16—31). Sus vidas se cruzaron aun antes de que ellos se conocieran, ya que Samuel, profeta de Dios, ungió a David como próximo rey de Israel. David sin duda se sintió tremendamente emocionado, pensando: Este es el mismo hombre que ungió a Saúl. ¡Verdaderamente seré rey!

En el palacio, Saúl estaba siendo atormentado por un espíritu malo, ya que había desobedecido a Dios. Su único alivio consistía en que alguien tocara el arpa para él. Los siervos de Saúl comenzaron a buscar a un joven que pudiera ministrarle. Uno de los siervos sugirió el nombre de David, hijo de Isaí. El rey Saúl envió a buscarlo y le pidió que viniera al palacio y le ministrara.

David debe haber pensado: Dios ya está cumpliendo lo que prometió a través del profeta. Seguramente me ganaré el favor del rey. Esta será mi oportunidad de comenzar a relacionarme.

Pasó el tiempo y el padre de David le pidió que les llevara provisiones a sus hermanos mayores, que estaban luchando contra los filisteos. Al llegar a la línea de fuego, David vio a Goliat, el gigante de los filisteos, burlándose del ejército de Dios, y se enteró de que esta situación se había prolongado ya durante cuarenta días. También supo que el rey había ofrecido la mano de su hija en matrimonio al hombre que venciera a este gigante.

David fue ante el rey y solicitó permiso para luchar. Mató a Goliat y ganó a la hija de Saúl. Para entonces, se había ganado también el favor del rey y fue llevado al palacio a vivir con él. Jonatán, el hijo mayor de Saúl, hizo un pacto de amistad eterna con David. En todo lo que Saúl le mandaba a hacer a David, la mano de Dios estaba sobre él, y prosperaba. El rey ordenó que David comiera a la mesa junto con sus propios hijos.

David estaba fascinado. Vivía en el palacio, comía a la mesa del rey, estaba casado con su hija, era amigo del príncipe Jonatán, y tenía éxito en todas sus campañas. Hasta se estaba ganando el favor del pueblo. Podía ver cómo la profecía se desarrollaba delante de sus propios ojos.

Saúl favorecía a David por sobre todos sus demás sirvientes. Se había convertido en un padre para él. David estaba seguro de que Saúl lo prepararía y un día, con grandes honores, lo instalaría en el trono. David se gozaba por la fidelidad y la bondad de Dios.

Sin embargo, un día todo cambió.

Mientras Saúl y David regresaban de la batalla juntos, las mujeres de las ciudades de Israel salieron a recibirlos danzando y cantando: "Saúl hirió a sus miles, y David a sus diez miles". Esto enfureció a Saúl, y a partir de ese día odió a David. Dos veces, mientras David tocaba el arpa para él, Saúl intentó matarlo.

La Biblia dice que Saúl odiaba a David porque sabía que Dios estaba con el joven, no con él. David se vio obligado a huir para proteger su vida. No tenía lugar adónde ir, por lo cual escapó al desierto.

"¿Qué está sucediendo?", se preguntaba David. "La promesa estaba cumpliéndose y ahora se ha destruido. El hombre que me protegía trata de matarme. ¿Qué puedo hacer? Saúl es el siervo ungido de Dios. Si él está en mi contra, ¿qué oportunidad tendré? Él es el rey, el hombre de Dios, sobre la nación de Dios. ¿Por qué Dios permite esto?"

Saúl persiguió a David de desierto en desierto, de cueva en cueva, acompañado por tres mil de los mejores guerreros de Israel. Tenían un solo propósito: destruir a David.

En ese momento, la promesa era solamente una sombra. David ya no vivía en el palacio, ni comía a la mesa del rey. Vivía en húmedas cuevas y comía las sobras que dejaban las bestias del desierto. Ya no cabalgaba a la derecha del rey, sino que era perseguido por los hombres que alguna vez lucharon a su lado. No tenía una cama caliente ni siervos que lo atendieran, ni recibía los cumplidos de la corte. Su esposa había sido entregada a otro. David conoció la soledad de un hombre que no tiene pueblo.

Observemos que fue Dios, no el diablo, quien puso a David bajo el cuidado de Saúl. ¿Por qué querría Dios no sólo permitir esto, sino planearlo? ¿Por qué colocar a David en una posición de tanto bienestar por un momento, para luego quitársela bruscamente? Esta era una oportunidad excelente para que David se ofendiera… no sólo con Saúl, sino con Dios también. Todas esas preguntas sin respuesta hacían crecer la tentación de cuestionar la sabiduría y el plan de Dios.

Saúl estaba tan decidido a matar a este joven, cualquiera fuera el costo, que su locura aumentó. Se convirtió en un hombre desesperado. Los sacerdotes de la ciudad de Nob le brindaron a David abrigo, comida y la espada de Goliat. No sabían que David estaba escapando del rey; pensaban que estaba en una misión para él. Consultaron al Señor sobre la suerte que David correría y lo pusieron en camino.

Cuando Saúl lo supo, se enfureció. Mató a ochenta y cinco sacerdotes del Señor que eran inocentes e hizo pasar a toda la ciudad bajo la espada: todo hombre, mujer, niño, bebé, vaca, burro y oveja. Ejecutó contra ellos el juicio que debía ejecutar contra los amalecitas. Era un asesino. ¿Cómo podría Dios haber puesto su Espíritu en un hombre así?

En un determinado momento, Saúl supo que David estaba en el desierto de En-gadi y salió a buscarlo con tres mil guerreros. Durante su viaje, se detuvieron a descansar a la entrada de una cueva, sin saber que David estaba escondido en el fondo de la misma. Saúl se quitó su manto y lo dejó a un lado. David salió silenciosamente de su escondite, cortó un trozo del manto y volvió a esconderse sin que nadie se enterara.

Después que Saúl dejó la cueva, David se inclinó a tierra y clamó al rey: "Y mira, padre mío, mira la orilla de tu manto en mi mano; porque yo corté la orilla de tu manto, y no te maté. Conoce, pues, y ve que no hay mal ni traición en mi mano, ni he pecado contra ti; sin embargo, tú andas a caza de mi vida para quitármela" (1 Samuel 24:11, énfasis añadido).

El clamor de David a Saúl fue: "¡Padre mío, padre mío!". En realidad, estaba gritando: "¡Mira mi corazón! Sé un padre para mí. ¡Necesito un líder que me prepare, no que me destruya!". Aun mientras Saúl intentaba matarlo, el corazón de David ardía de esperanza.

¿DONDE ESTÁN LOS PADRES?

He visto este clamor en incontables hombres y mujeres en el Cuerpo de Cristo. La mayoría de ellos son jóvenes y tienen un fuerte llamado del Señor en sus vidas. Claman por un padre, un hombre que los instruya, los ame, los apoye y los aliente. Es por ello que Dios dijo que Él haría volver "el corazón de los padres [líderes] hacia los hijos [miembros del pueblo], y el corazón de los hijos hacia los padres, no sea que yo venga y hiera la tierra con maldición" (Malaquías 4:6).

Nuestra nación perdió a sus padres (progenitores, líderes o ministros) en las décadas de los cuarenta y cincuenta, y hoy la situación está empeorando. De forma muy similar a Saúl, muchos líderes en nuestros hogares, corporaciones e iglesias están más preocupados por sus metas personales que por sus hijos.

Debido a esta actitud, estos líderes consideran al pueblo de Dios como recursos que sirven para su visión, en lugar de considerar a la visión como el vehículo para servir al pueblo. El éxito de la visión justifica el costo de vidas heridas y personas destrozadas. Se comprometen la justicia, la misericordia y la integridad para servir al éxito.

Las decisiones se toman basándose en el dinero, los números y los resultados.

Esto abre las puertas para que las personas sean tratadas como lo fue David; después de todo, Saúl tenía un reino que proteger. Este tipo de tratamiento es aceptable según la mentalidad de los líderes debido a que ellos están buscando la extensión del evangelio.

¿Cuántos líderes han sacado del medio a los hombres que tenían bajo su autoridad por sospechar de ellos? ¿Y por qué sospechan? Porque ellos mismos no están sirviendo a Dios. Están sirviendo a una visión. Como Saúl, están inseguros de su llamado, y eso hace crecer el orgullo y los celos. Reconocen las cualidades de las personas que saben que agradan a Dios y están dispuestos a utilizarlas siempre y cuando los beneficien a ellos. Saúl disfrutó de los éxitos de David hasta que comenzó a verlo como una amenaza para él. Entonces le quitó su lugar y buscó una razón para destruirlo.

He hablado con una innumerable cantidad de jóvenes hombres y mujeres que clamaban por tener a alguien que los controlara en su progreso. Deseaban someterse a un líder que los disciplinara. Se sentían aislados y solos. Estaban buscando a alguien que fuera un padre espiritual para ellos. Sin embargo, Dios permitía que sufrieran rechazo porque deseaba hacer en ellos lo que había hecho en David. Escuchemos con cuidado lo que el Espíritu está diciendo.

A David le preocupaba que Saúl creyera que él era rebelde y malvado. Con seguridad examinó su corazón, diciendo: "¿En qué me he equivocado? ¿Por qué se volvió contra mí el corazón de Saúl tan repentinamente?" Por eso exclamó: "Me dijeron que te asesinara, pero respondí que no. Sólo corté el borde de tu manto para que supieras y vieras que no hay mal ni traición en mi mano" (ver 1 Samuel 24:11). David pensaba que si lograba probarle a Saúl que lo amaba, volvería a gozar de su favor, y la profecía se cumpliría.

Las personas que han sido rechazadas por un padre o un líder tienden a culparse por todo. Están aprisionadas por pensamientos que las atormentan: "¿Qué hice?" y "¿Había impureza en mi corazón?". Algunas veces se preguntan: "¿Quién hizo que el corazón de mi líder se volviera en mi contra?". Constantemente intentan probar su inocencia ante sus líderes. Creen que si pueden demostrar su lealtad y su valor, serán aceptadas. Lamentablemente, mientras más lo intentan, más son rechazadas.

¿QUIÉN ME VENGARÁ?

Saúl reconoció la nobleza de David cuando vio que pudo matarlo con facilidad y no lo hizo. Por eso, él y sus hombres se retiraron. David debe haber pensado: "Ahora el rey me restaurará. Ahora la profecía se cumplirá. Seguramente él ha visto mi corazón, y me tratará mejor de ahora en adelante".

No te apresures, David. Poco tiempo después, algunos hombres le informaron a Saúl que David estaba en el collado de Haquila. Saúl salió tras él de nuevo con tres mil hombres. Estoy seguro de que David se sintió destrozado al saberlo. Comprendió que no era un malentendido, sino que Saúl estaba decidido a quitarle la vida, intencionalmente y sin haber sido provocado. Cuán rechazado debe haberse sentido David. Saúl sabía lo que había en su corazón, pero aun así marchaba contra él.

David, junto con Abisai, se infiltró en el campamento de Saúl. Ningún guardia los vio, porque Dios los había hecho caer en un profundo sueño. Estos dos hombres atravesaron todo el ejército hasta el lugar donde Saúl estaba durmiendo.

Abisai intentó convencer a David: "Hoy ha entregado Dios a tu enemigo en tu mano; ahora, pues, déjame que le hiera con la lanza, y lo enclavaré en la tierra de un golpe, y no le daré segundo golpe" (1 Samuel 26:8).

Abisai tenía muchas buenas razones por las cuales pensaba que David debía permitirle matar a Saúl. Primero, Saúl había asesinado a ochenta y cinco sacerdotes inocentes y a sus familias…¡a sangre fría!

Segundo, había salido con un ejército de tres mil hombres para matar a David y sus seguidores. Si uno no mata al enemigo primero, razonaba Abisai, seguramente él te matará a ti. Se trataba de defensa propia. ¡Cualquier tribunal le permitiría hacerlo!

Tercero, Dios mismo, por medio de Samuel, había ungido a David como próximo rey de Israel. David debía reclamar su herencia si no deseaba terminar muerto sin que la profecía se hubiera cumplido.

Cuarto, Dios había hecho caer a todo el ejército en un profundo sueño para que David y Abisai pudieran llegar hasta el preciso lugar donde estaba Saúl. ¿Por qué otro motivo podría haber hecho eso Dios? Abisai estaba seguro de que David nunca volvería a tener una oportunidad como esta.

Todas estas razones sonaban bien. Eran lógicas. Abisai lo alentaba. Si David hubiera estado mínimamente ofendido, se habría sentido justificado por completo en cuanto a permitirle a Abisai que atravesara a Saúl con su lanza.

No obstante, escuchemos la respuesta de David: "No le mates; porque ¿quién extenderá su mano contra el ungido de Jehová, y será inocente? [...] Vive Jehová, que si Jehová no lo hiriere, o su día llegue para que muera, o descendiendo en batalla perezca, guárdeme Jehová de extender mi mano contra el ungido de Jehová" (1 Samuel 26:9–11, énfasis añadido).

David no iba a matar a Saúl aunque él hubiera asesinado a personas inocentes y deseara matarlo a él también. David no deseaba vengarse él mismo, sino dejar la venganza en manos de Dios.

Naturalmente, hubiera sido más fácil ponerle fin a todo allí mismo; más fácil para David y para el pueblo de Israel. Él sabía que la nación era como un rebaño de ovejas sin pastor. Sabía que el lobo estaba robándoles para satisfacer sus propios deseos egoístas. Era muy difícil para David no defenderse a sí mismo, pero tal vez más difícil resultaba no librar al pueblo que amaba de un rey demente. David tomó esta decisión aun sabiendo que el único consuelo de Saúl era pensar en destruirlo.

David había probado la pureza de su corazón cuando le perdonó la vida a Saúl por primera vez. Sin embargo, aun cuando tuvo una segunda oportunidad de matarlo, no quiso tocarlo. Saúl había sido ungido por el Señor, y David lo dejaba para que fuera juzgado por Dios.

¿Cuántas personas tienen un corazón como el de David en la actualidad? Ya no nos matamos con espadas materiales, sino que nos destrozamos con una espada de otra clase: la lengua. "La muerte y la vida están en poder de la lengua" (Proverbios 18:21).

Las iglesias se dividen, las familias se separan, los matrimonios se destrozan y el amor muere, aplastado por una carnicería de palabras lanzadas en medio del dolor y la frustración. Ofendidos por los hermanos, amigos y líderes, apuntamos con palabras afiladas por la amargura y el enojo. Aunque la información sea cierta y exacta, los motivos son impuros.

Proverbios 6:16–19 dice que sembrar discordia o separación entre hermanos es abominación al Señor. Cuando repetimos algo con la intención de separar a las personas o dañar una relación o una reputación (aunque lo que decimos sea cierto), cometemos una afrenta contra Dios.

¿ESTÁ DIOS USÁNDOME PARA REVELAR LOS PECADOS DE MI LÍDER?

Durante siete años, serví a tiempo completo ayudando y pastoreando a los jóvenes antes de que Dios nos entregara a mi esposa y a mí el ministerio que ahora tenemos. Cuando era pastor de jóvenes, había un hombre al que no le caía bien y no le agradaba lo que predicaba. Normalmente eso no me molestaría, pero este hombre estaba en una posición de autoridad con respecto a mí.

Yo creía que Dios me había indicado que les diera una palabra muy firme a los jóvenes con respecto a la pureza y la valentía. Y el hijo de este hombre estaba en mi grupo.

Una gran convicción crecía en el corazón de este joven, que un día vino a vernos llorando. Estaba perturbado porque sentía que el estilo de vida que veía en su hogar no reflejaba la conducta que yo desafiaba a él y otros jóvenes a seguir.

Al parecer, este incidente y otros conflictos por asuntos de personalidad hicieron que su padre se decidiera a librarse de mí. Comenzó por ir a ver al pastor principal para motivarlo a enojarse conmigo con falsas acusaciones. Luego venía y me decía que el pastor estaba en mi contra, pero que él me defendía. Había memorandos con críticas, ninguno de los cuales mencionaba mi nombre de forma explícita, pero que hacían referencias indirectas a mí. Este hombre me sonreía, pero su intención era destruirme.

Varios miembros del grupo juvenil me dijeron que habían escuchado que iban a despedirme. El hijo de este hombre había dado la noticia, no por malicia, sino repitiendo lo que había escuchado en su casa. Yo estaba molesto y confundido. Fui a ver a este hombre y admitió lo que había dicho, pero sostuvo que sólo repetía lo que el pastor principal pensaba.

Los meses pasaron y aparentemente no había forma de aliviar la situación. Él había cortado todo contacto entre mi pastor principal y yo. Esto no sólo me sucedía a mí, sino a todos los pastores que no gozaban de su favor.

Mi familia estaba constantemente bajo presión, sin saber si permaneceríamos en la iglesia o nos despedirían. Habíamos comprado una casa, mi esposa estaba embarazada y no teníamos a dónde ir. No deseaba comenzar a enviar mi currículum vitae para buscar trabajo. Creía que Dios me había traído a esa iglesia y no tenía un plan alternativo.

Mi esposa estaba hecha un manojo de nervios. "Querido, sé que van a despedirte. Todos me lo dicen."

"Ellos no me contrataron y no pueden despedirme sin autorización de Dios", le dije. Ella pensó que estaba negando las circunstancias y me rogó que renunciara.

Finalmente llegó la noticia de que había sido tomada la decisión de despedirme. El pastor principal anunció que en el grupo juvenil habría algunos cambios. Yo aún no había hablado con él sobre el conflicto que sostenía con el líder que había puesto sobre mí. Me reuniría con él y este hombre al día siguiente. Dios me había indicado de forma muy específica que no me defendiera.

Cuando me reuní con mi pastor al día siguiente, me sorprendió encontrarlo solo en su oficina. Él me miró y dijo: "John, Dios te envió a esta iglesia. No dejaré que te vayas".

Eso me alivió. Dios me había protegido a último momento.

"¿Por qué está tan molesto contigo este hombre?", me preguntó. "Por favor, ve y arregla las cosas con él."

Poco después de esa reunión recibí una prueba por escrito de una decisión que este líder había tomado con relación a mi área de responsabilidad. Esta nota mostraba cuáles eran sus verdaderos motivos. Estuve a punto de llevarla para que la viera el pastor principal.

Ese día anduve de un lado para otro caminando y oré durante cuarenta y cinco minutos, tratando de librarme de la incomodidad que sentía. Repetía: "Señor, este hombre ha sido deshonesto y malvado. Debe saberse lo que hizo. Es un factor destructor para este ministerio. ¡Debo decirle al pastor cómo es él en realidad!".

Continué justificando mi intención de ponerlo en evidencia. "Solamente estoy informando sobre hechos documentados, nada emocional. Si no lo detenemos, su maldad se extenderá a toda la iglesia."

Finalmente, frustrado, exploté. "Dios, tú no deseas que lo ponga al descubierto, ¿verdad?"

Cuando pronuncié estas palabras, la paz de Dios inundó mi corazón. Sacudí la cabeza, sorprendido. Sabía que Dios no deseaba que hiciera nada, así que arrojé la evidencia al cesto. Luego, cuando pude mirar la escena con mayor objetividad, comprendí que había deseado más vengarme por lo que este hombre me había hecho que proteger el ministerio. Había tratado de convencerme a mí mismo con mis razonamientos de que mis motivos eran desinteresados. La información con que contaba era verdadera, pero mis motivos no eran puros.

El tiempo pasó y un día mientras me encontraba orando fuera de la iglesia antes del horario de oficina, ese hombre llegó y estacionó su auto. Dios me indicó que fuera hacia él y me humillara. De inmediato me puse a la defensiva. "No, Señor, es él el que tiene que venir a mí. Él es quien causa todos los problemas."

Continué orando, pero de nuevo Dios insistió en que fuera a verlo con una actitud de humildad. Yo sabía que era Dios el que me hablaba. Llamé a este hombre desde mi oficina y luego fui a la suya. Pero lo que dije y la forma en que lo dije fue muy diferente de lo que habría dicho si Dios no me hubiera hablado primero a mí.

Con toda sinceridad, le pedí perdón. "Te he criticado y juzgado", le confesé.

El bajó la guardia de inmediato y hablamos durante una hora. A partir de ese día, dejó de atacarme, aunque continuaba teniendo problemas con otros pastores.

Seis meses después, mientras yo estaba ministrando fuera del país, todas las obras malignas realizadas por este líder fueron descubiertas delante del pastor principal. El asunto no tenía nada que ver conmigo, sino que eran temas relativos a otras áreas del ministerio. Lo que estaba haciendo era mucho peor de lo que yo sabía. Este hombre fue despedido al instante.

El juicio le había llegado, pero no por mi mano. Le sucedió exactamente lo mismo que había intentado hacerme. Sin embargo, cuando todo ocurrió, no me sentí feliz. Sufrí por él y su familia, y comprendí su dolor, pues yo había pasado lo mismo por su causa.

Ya lo había perdonado seis meses antes, así que ahora lo amaba y no deseaba esto para él. Si lo hubieran despedido un año antes, cuando estaba molesto, me hubiera gozado. No obstante, ahora sabía que estaba verdaderamente libre de la ofensa que había estado abrigando contra él. La humildad y el haberme negado a vengarme fueron las claves que me liberaron de la prisión de esa ofensa.

Un año después lo vi en un aeropuerto. El amor de Dios me inundó. Corrí hacia él y lo abracé. Me sentí en realidad feliz de saber que sus cosas andaban bien. Si nunca hubiera ido a verlo con humildad a su oficina meses antes, no habría podido mirarlo a los ojos en ese aeropuerto. Han pasado varios años desde ese día, pero sólo siento amor por él y un sincero deseo de que esté haciendo la voluntad de Dios.

David fue sabio cuando decidió permitir que Dios fuera su juez. Nos preguntamos: "¿A quién usó Dios para juzgar a Saúl, su siervo?". A los filisteos. Saúl, junto con sus hijos, murió luchando contra ellos. Cuando David se enteró de la noticia, no celebró. Hizo duelo.

Un hombre se jactó ante David de haber matado a Saúl. Esperaba que esta noticia le ganara su favor, pero el efecto fue totalmente opuesto. "Y le dijo David: ¿Cómo no tuviste temor de extender tu mano para matar al ungido de Jehová?". Luego ordenó que el hombre fuera ejecutado (ver 2 Samuel 1:14, 15).

Más tarde, David compuso una canción para que el pueblo de Judá la cantara en honor de Saúl y sus hijos. Le ordenó al pueblo que no proclamara la noticia en las calles de las ciudades filisteas, para que el enemigo no se regocijara. Proclamó que no habría lluvia ni cosecha en el lugar donde Saúl murió. Convocó a todo Israel para que hiciera luto por Saúl. Esto no es lo que hace un hombre ofendido. Un hombre ofendido simplemente diría: "¡Recibió su merecido!".

No obstante, David fue aun más lejos. No mató al remanente de la casa de Saúl, sino que le mostró misericordia. Les dio comida y tierras y permitió que un descendiente del rey se sentara a su mesa. ¿Parecen estas las acciones de un hombre ofendido?

David fue rechazado por el hombre que debería haber sido como un padre para él, pero le fue leal aun después de su muerte. Es fácil serle fiel a un líder o un padre que nos ama, sin embargo, ¿qué tal si ese hombre desea destruirnos? ¿Será usted un hombre o una mujer conforme al corazón de Dios, o buscará la venganza?

LO JUSTO ES QUE DIOS VENGUE A SUS SIERVOS. ES INJUSTO QUE LOS SIERVOS DE DIOS SE VENGUEN POR SÍ MISMOS.

Señor Bevere, hoy he acabado de leer su libro La trampa de Satanás…¡no podía dejarlo! Este es ciertamente uno de los mejores libros que he leído en mi vida.

—P. A., MISSOURI

5

CÓMO NACE UN VAGABUNDO ESPIRITUAL

Y dijo a sus hombres: Jehová me guarde de hacer tal
cosa contra mi señor, el ungido de Jehová, que yo
extienda mi mano contra él; porque es el ungido de
Jehová. Así reprimió David a sus hombres con palabras,
y no les permitió que se levantasen contra Saúl.
—1 SAMUEL 24:6–7

En el capítulo anterior vimos cómo David era maltratado por el hombre que él había esperado que fuera su "padre". David intentó comprender en qué se había equivocado. ¿Qué había hecho para volver el corazón de Saúl en su contra y cómo podría ganarse de nuevo su favor? David probó su lealtad respetando la vida de Saúl aunque él agresivamente intentaba destruir la suya.

David clamó a Saúl con su cabeza inclinada a tierra: "Mira que no hay maldad ni traición en mi mano, y que no he pecado contra ti".

Una vez que David supo que le había demostrado a su líder que le era leal, quedó en paz. Luego se enteró de otra mala noticia: Saúl todavía deseaba destruirlo. No obstante, David se negó a levantar la mano contra el que buscaba matarlo, aunque Dios había hecho caer en un profundo sueño a todo el ejército y le había dado un compañero que le rogaba que le permitiera matar a Saúl. De alguna manera, David sentía que este ejército dormido tenía otro propósito: probar su corazón.

Dios deseaba comprobar si David mataría para establecer su reino, como Saúl, o le permitiría a él establecer su trono en justicia para siempre.

No os venguéis vosotros mismos, amados míos, sino dejad lugar a la ira de Dios; porque escrito está: Mía es la venganza, yo pagaré, dice el Señor.

—ROMANOS 12:19

Lo justo es que Dios vengue a sus siervos. Es injusto que los siervos de Dios se venguen por sí mismos. Saúl era un hombre que tomaba la venganza en sus propias manos. Persiguió a David, un hombre de honor, durante catorce años, y mató a los sacerdotes y sus familias.

Mientras David contemplaba a Saúl durmiendo, se enfrentó a una importante prueba. Una prueba que revelaría si David conservaba aún el noble corazón de un pastor o tenía la inseguridad de un nuevo Saúl. ¿Seguiría siendo un hombre conforme al corazón de Dios? Al principio, es mucho más fácil tomar los asuntos en nuestras propias manos, en lugar de esperar al Dios justo.

Dios prueba a sus siervos con la obediencia. Nos coloca de forma deliberada en situaciones en que los patrones religiosos y sociales aparentemente justifican nuestras acciones. Permite que otros, en especial los que están más cerca de nosotros, nos animen a protegernos a nosotros mismos. Quizá hasta pensemos que es noble defendernos, que de esa manera protegemos a otras personas. Sin embargo, así no es como Dios obra. Ese es el camino que sigue la sabiduría del mundo. Es terrenal y carnal.

Cuando pienso en la oportunidad que tuve de exponer el pecado de ese líder que estaba en autoridad sobre mí, recuerdo que luché con el pensamiento de que él podría herir a otros si no lo hacía. Continuamente pensaba: Sólo diré la verdad. Si no lo hago, ¿cómo terminará todo esto? Otras personas me alentaban a que lo descubriera.

No obstante, hoy sé que Dios me dio esa información con un motivo: probarme. ¿Haría lo mismo que el hombre que deseaba destruirme? ¿O permitiría que Dios juzgara o mostrara su misericordia si ese hombre se arrepentía?

¿CÓMO DIOS PUEDE USAR LÍDERES CORRUPTOS?

Muchas personas se preguntan: "¿Por qué Dios pone a las personas bajo líderes corruptos que cometen errores graves e incluso de algunos que son malvados?".

Si estudiamos la niñez de Samuel (ver 1 Samuel 2—5), veremos que fue Dios, no el diablo, quien puso a este jovencito bajo la autoridad de un sacerdote corrupto llamado Elí y sus dos malvados hijos, Ofni y Finees, que también eran sacerdotes. Estos hombres eran en verdad malignos. Tomaban ofrendas por medio de la manipulación y la fuerza, y cometían fornicación con las mujeres que se reunían a la puerta del tabernáculo.

¿Puede usted imaginarse lo que sería servir a un ministro que viviera esta clase de vida? ¡Un ministro tan insensible a las cosas del Espíritu que no supiera reconocer a una mujer que oraba y la acusara de haberse emborrachado! Tan pusilánime que no hiciera nada con respecto a sus hijos, a quienes él había designado como líderes, y que cometían fornicación en la misma iglesia.

La mayoría de los cristianos de hoy se ofendería y buscaría otra iglesia, y al irse les hablaría a los demás del nefasto estilo de vida de su anterior pastor y sus líderes. En medio de tal corrupción, me agradan las palabras que registran lo que hacía el joven Samuel: "El joven Samuel ministraba a Jehová en presencia de Elí" (1 Samuel 3:1).

Con todo, la corrupción hacía sentir sus efectos: "Y la palabra de Jehová escaseaba en aquellos días; no había visión con frecuencia" (1 Samuel 3:1). Dios parecía distante para toda la comunidad hebrea. La lámpara de Dios estaba a punto de apagarse en el templo del Señor. Sin embargo, ¿acaso Samuel buscó otro lugar para adorar? ¿Acudió a los líderes para poner al descubierto la maldad de Elí y sus hijos? ¿Formó un comité para sacar a Elí y a sus hijos del pastorado? ¡No, él ministraba al Señor!

Dios había puesto allí a Samuel y él no era responsable por el comportamiento de Elí o sus hijos. Había sido colocado allí no para juzgarlos, sino para servirlos. Él sabía que Elí era siervo de Dios, no suyo. Sabía que Dios podía manejar Él mismo a sus siervos.

Los hijos no corrigen a los padres. No obstante, es deber de los padres corregir y capacitar a sus hijos. Debemos confrontar a aquellos que Dios nos ha dado para que capacitemos. Esa es nuestra responsabilidad. Debemos alentar y exhortar como a hermanos a los que se encuentran a nuestro mismo nivel. Sin embargo, en este capítulo, como en el anterior, estoy hablando de la forma en que respondemos a los que están en autoridad sobre nosotros.

Samuel servía al líder designado por Dios de la mejor forma posible, sin la presión de juzgarlo o corregirlo. La única vez que Samuel habló una palabra de corrección fue cuando Elí vino a él y le preguntó qué profecía le había dado Dios la noche anterior. Con todo, aun entonces, no se trató de una palabra de corrección de Samuel, sino de Dios. Nuestras iglesias serían muy diferentes si más personas actuaran según esta verdad.

LAS IGLESIAS NO SON CAFETERÍAS

Hoy, hombres y mujeres dejan rápidamente la iglesia si ven que sus líderes se equivocan en algo. Quizá sea la manera en que el pastor recoge la ofrenda. Tal vez sea la forma en que se utiliza el dinero. Si no les agrada cómo predica el pastor, se van. Lo encuentran demasiado distante, o quizá demasiado familiar. La lista no tiene fin. En lugar de enfrentar las dificultades y conservar la esperanza, corren a donde al parecer no hay conflictos.

Enfrentémoslo: Jesús es el único pastor perfecto. Así que, ¿por qué huimos de las dificultades en lugar de enfrentarlas y trabajar para resolverlas? Cuando no enfrentamos de forma directa estos conflictos, por lo general nos retiramos ofendidos. Algunas veces decimos que nuestro ministerio profético no fue recibido. Entonces vamos de iglesia en iglesia buscando un lugar donde existan líderes sin fallas.

Escribo este libro habiendo sido miembro de sólo dos iglesias en dos estados diferentes durante los últimos catorce años. He tenido más de dos oportunidades (en realidad, han sido numerosas) de ofenderme con los líderes que estaban por encima de mí (la mayoría de esas oportunidades, podría agregar, causadas por mi propia culpa o inmadurez). He tenido la oportunidad de criticar y juzgar a mis líderes, pero irme no era la respuesta. En medio de una circunstancia muy difícil, un día el Señor me habló a través de un pasaje y me dijo: "Esta es la forma en que deseo que te vayas de una iglesia":

Ciertamente, con alegría saldréis y en paz os iréis.

—ISAÍAS 55:12 (RVA, ÉNFASIS AÑADIDO)

La mayoría de las personas no se van así. Creen que las iglesias son como cafeterías…¡pueden elegir lo que desean! Sienten la libertad de estar allí mientras no haya problemas. Sin embargo, esto no concuerda en lo más mínimo con la enseñanza bíblica. Usted no es el que elige a qué iglesia irá. ¡Es Dios! La Biblia no dice: "Dios ha colocado los miembros cada uno de ellos en el cuerpo, como quisieron". Lo que afirma es: "Dios ha colocado los miembros cada uno de ellos en el cuerpo, como él quiso" (1 Corintios 12:18, énfasis añadido).

Recuerde que, si usted está en el lugar en que Dios desea que esté, el diablo intentará que se ofenda para sacarlo de allí. Él desea desarraigar a las personas de los iugares donde Dios las ha plantado. Si logra sacarlo de allí, ha tenido éxito. Si usted no se retira, aun estando en medio de grandes conflictos, arruinará sus planes.

EL ENGAÑO BÁSICO

Durante varios años asistí a una iglesia. El pastor era uno de los mejores predicadores del país. Al principio, me quedaba admirado por las enseñanzas que salían de su boca.

El tiempo fue pasando y debido a mi posición, desde la que servía al pastor, pude ver de cerca sus fallas. Así que cuestioné algunas de las decisiones que tomaba para el ministerio. Comencé a criticarlo y juzgarlo, y llegué a sentirme ofendido. Él predicaba, y yo ya no sentía inspiración ni unción alguna. Su predicación ya no me ministraba.

Otra pareja de la iglesia, que eran amigos nuestros y también integraban el equipo pastoral, al parecer opinaba lo mismo. Dios los envió fuera de la iglesia y comenzaron un ministerio propio. Entonces nos pidieron que fuéramos con ellos. Sabiendo cuánto estábamos luchando, nos animaban a que siguiéramos el llamado que había sobre nuestras vidas. Nos decían todas las cosas que este pastor, su esposa y los demás líderes estaban haciendo mal. Nos consolábamos mutuamente, sintiéndonos desesperanzados y atrapados.

Ellos parecían sinceramente preocupados por nuestro bienestar. No obstante, nuestras conversaciones sólo avivaban el fuego del descontento y la ofensa. Como bien señala Proverbios 26:20: "Sin leña se apaga el fuego, y donde no hay chismoso, cesa la contienda". Lo que ellos nos decían puede haber sido una información correcta, pero resultaba equivocada a los ojos de Dios, porque echaba más leña al fuego de la ofensa, tanto para ellos como para nosotros.

"Sabemos que eres un hombre de Dios", me decían. "Por eso tienes los problemas que tienes estando en este lugar". Sonaba bien.

Mi esposa y yo nos dijimos: "Basta. Estamos en una situación terrible. Necesitamos salir. Este pastor y su esposa nos aman. Ellos nos pastorearán. La gente de su iglesia nos recibirá tanto a nosotros como al ministerio que Dios nos ha dado".

Dejamos nuestra iglesia y comenzamos a asistir a la de esta pareja, pero sólo por unos meses. Aunque pensábamos que habíamos dejado atrás nuestro problema, nos dimos cuenta de que aún estábamos luchando. Nuestros espíritus no tenían gozo. Estábamos atados al temor de convertirnos en aquello que acabábamos de dejar. Parecía que todo lo que hacíamos era forzado y antinatural. No encontrábamos nuestro lugar en el fluir del Espíritu. Ahora, hasta nuestra relación con el nuevo pastor y su esposa se había vuelto tensa.

Finalmente comprendí que debíamos volver a nuestra primera iglesia. Cuando lo hicimos, supimos de inmediato que habíamos vuelto a estar en la voluntad de Dios, aunque parecía que seríamos más aceptados y amados en el otro lugar.

Entonces Dios me sacudió con sus palabras: "John, yo nunca te dije que te fueras de esta iglesia. ¡Te fuiste porque te sentías ofendido!".

Esto no era culpa del otro pastor y su esposa, sino nuestra. Ellos comprendían nuestra frustración y estaban tratando de resolver ese mismo asunto en sus propios corazones. Cuando estamos fuera de la voluntad de Dios, no somos de bendición ni ayuda para ninguna iglesia. Cuando estamos fuera de la voluntad de Dios, aun las buenas relaciones sufren tensiones. Nosotros habíamos estado fuera de la voluntad de Dios.

Las personas ofendidas reaccionan ante la situación y hacen cosas que parecen correctas aunque no hayan sido inspiradas por Dios. No somos llamados a reaccionar, sino a actuar.

Si somos obedientes a Dios y lo hemos buscado, pero Él no nos habla, ¿sabe usted cuál es la respuesta? Probablemente Él esté diciendo: "Quédate donde estás. No cambies nada".

Muchas veces, cuando sentimos presión, buscamos alivio en una palabra de Dios. No obstante, Dios nos pone en estas situaciones incómodas para hacer que maduremos, para refinarnos, para fortalecernos…¡no para destruirnos!

Menos de un mes después tuve la oportunidad de reunirme con el pastor de mi primera iglesia. Me arrepentí de haberlo criticado y rebelarme. Él, con mucho amor, me perdonó. Nuestra relación se fortaleció, y el gozo volvió a mi corazón. De inmediato comencé a recibir el ministerio del pastor desde el púlpito una vez más, y permanecí en esa iglesia durante varios años.

LOS QUE FUERON PLANTADOS FLORECERÁN

La Biblia dice en el Salmo 92:13: "Plantados en la casa de Jehová, en los atrios de nuestro Dios florecerán" (énfasis añadido).

Observemos que los que florecen han sido "plantados" en la casa de Jehová. ¿Qué le sucede a una planta si uno la transplanta cada tres semanas? La mayoría de nosotros sabe que su sistema de raíces se reduce, y no florece ni prospera. ¡Y si continuamos transplantándola, tantos cambios harán que la planta muera!

Muchas personas van de iglesia en iglesia, de equipo ministerial en equipo ministerial, intentando desarrollar su propio ministerio. Si Dios los coloca en un lugar en que no son reconocidos y alentados, se ofenden con rapidez. Y se van, culpando a los líderes. Son ciegos a sus propias fallas de carácter y no comprenden que Dios deseaba refinarlos y hacer que maduraran bajo las presiones que debían soportar.

Aprendamos de los ejemplos que Dios nos da por medio de las plantas y los árboles. Cuando se planta un árbol frutal en el suelo, éste debe soportar tormentas y lluvias, el sol ardiente y el viento. Si un árbol joven pudiera hablar, quizá dijera: "¡Sáquenme de aquí! ¡Pónganme en un lugar donde no deba sufrir este calor tremendo ni estas tormentas de viento!".

Si el jardinero le hiciera caso al árbol, en realidad le haría daño. Los árboles soportan el sol ardiente y las tormentas de lluvia haciendo que sus raíces se introduzcan más profundamente en la tierra. La adversidad que enfrentan representa a la larga el origen de su gran estabilidad. La dureza de los elementos que los rodean les hace buscar otra fuente de vida. Un día, llegarán al punto en que aun la más terrible tormenta no podrá afectar su capacidad de producir frutos.

Yo vivía en Florida, capital de los cítricos. La mayoría de los habitantes de este estado sabe que mientras más frío es el invierno, más dulces serán las naranjas. Si no huyéramos tan prontamente de la resistencia espiritual, nuestros sistemas de raíces se volverían más profundos y fuertes, y nuestro fruto sería más abundante y dulce a los ojos de Dios y más apetitoso para su pueblo. Seríamos los árboles maduros en los que el Señor se deleita, en lugar de aquellos que son arrancados por su falta de fruto (Lucas 13:6–9). No deberíamos ofrecer resistencia justo a aquello que Dios envía a nuestra vida para hacernos madurar.

El salmista David, inspirado por el Espíritu Santo, realiza una maravillosa conexión entre la ofensa, la ley de Dios y el crecimiento espiritual. En el Salmo 1:1, 2 escribe:

Bienaventurado el varón que no anduvo en consejo de malos, ni estuvo en camino de pecadores, ni en silla de escarnecedores se ha sentado; sino que en la ley de Jehová está su delicia, y en su ley medita de día y de noche.

Luego, en el Salmo 119:165, nos da más información sobre las personas que aman la ley de Dios.

Mucha paz tienen los que aman tu ley, y no hay para ellos tropiezo (énfasis añadido).

Finalmente, el versículo 3 del Salmo 1 describe cuál es el destino de estas personas.

Será como árbol plantado junto a corrientes de aguas, que da su fruto en su tiempo, y su hoja no cae; y todo lo que hace, prosperará (énfasis añadido).

En otras palabras, un creyente que decide deleitarse en la Palabra de Dios en medio de la adversidad evitará la ofensa. Esa persona será como un árbol cuyas raíces se hunden profundamente buscando el lugar donde el Espíritu brinda fortaleza y nutrientes. Tomará el agua de la fuente de Dios que está en lo profundo de su espíritu. Esto le hará madurar hasta el punto en que la adversidad llegará a ser simplemente un catalizador del fruto. ¡Aleluya!

Ahora comprendemos mejor la interpretación que hace Jesús de la parábola del sembrador.

Estos son asimismo los que fueron sembrados en pedregales: los que cuando han oído la palabra, al momento la reciben con gozo; pero no tienen raíz en sí, sino que son de corta duración, porque cuando viene la tribulación o la persecución por causa de la palabra, luego tropiezan.

—MARCOS 4:16, 17, ÉNFASIS AÑADIDO

Una vez que dejamos el lugar que Dios ha elegido para nosotros, nuestro sistema de raíces comienza a debilitarse. La próxima vez nos será más fácil huir de la adversidad, porque hemos tenido cuidado de no echar raíces profundas. Finalmente llegamos a un punto en que casi no tenemos fuerzas para soportar las persecuciones o las dificultades.

Entonces nos convertimos en vagabundos espirituales que van errando de lugar en lugar, sospechando y temerosos de que otros nos maltraten. Paralizados, con nuestra capacidad de producir verdadero fruto espiritual bloqueada, luchamos en medio de una vida centrada en nosotros mismos, comiendo los restos de los frutos de los demás.

Observemos a Caín y Abel, los primeros hijos de Adán. Caín le trajo a Dios una ofrenda proveniente del trabajo de sus propias manos, el fruto de su viña. El fruto había sido producido con mucho esfuerzo. Caín tenía que quitar todas las piedras, malas hierbas y otros obstáculos del suelo. Tenía que arar y cultivar la tierra. Tenía que plantar, regar, fertilizar y proteger sus cosechas. Puso mucho empeño en su servicio para Dios. Sin embargo, se trataba de su propio sacrificio, más que de la obediencia al camino que Dios deseaba para él. Esto simbolizaba adorar a Dios con nuestras propias fuerzas y capacidades, más que por la gracia del Señor.

Abel, por otra parte, trajo una ofrenda de obediencia, el primogénito escogido de su ganado. No trabajó tanto para obtenerlo como Caín, pero era algo muy querido para él. Ambos hermanos seguramente sabían que su padre y su madre habían intentado cubrir su desnudez con hojas de higuera, que representaban sus propias obras para cubrir sus pecados. No obstante, Dios les mostró lo que era un sacrificio aceptable a Él cubriendo a Adán y Eva con la piel de un animal inocente. Adán y Eva no sabían que su forma de cubrir el pecado era inadecuada. Sin embargo, una vez que Dios se los mostró, ya no lo ignoraron, ni tampoco sus hijos.

Caín había tratado de ganar la aceptación de Dios sin seguir su consejo. Dios respondió mostrándole que aceptaría a aquellos que vinieran a Él según sus parámetros de gracia (el sacrificio de Abel) y rechazaría lo que fuera intentado desde el "conocimiento del bien y del mal" (es decir, las obras religiosas de Caín). Luego le indicó a éste que si hacía el bien, sería aceptado; pero si no elegía la vida, el pecado se enseñorearía de él.

Caín se ofendió con el Señor. En lugar de arrepentirse y hacer lo bueno, permitiendo que esta situación fortaleciera su carácter, descargó su ira y su ofensa con Dios actuando contra Abel, y lo asesinó. Entonces Dios le dijo a Caín:

> Ahora, pues, maldito seas tú de la tierra, que abrió su boca para recibir de tu mano la sangre de tu hermano. Cuando labres la tierra, no te volverá a dar su fuerza; errante y extranjero serás en la tierra.
>
> —GÉNESIS 4:11–12, ÉNFASIS AÑADIDO

Lo que Caín más temía, es decir, ser rechazado por Dios, fue lo que atrajo como juicio sobre sí mismo. El medio por el cual intentara ganar la aprobación de Dios era ahora maldito por su propia mano. El derramamiento de sangre ahora producía una maldición. La tierra ya no le daría su fuerza. El fruto sería producido sólo por medio de un gran esfuerzo.

Los cristianos ofendidos también cortan su propia posibilidad de producir fruto. Jesús comparó el corazón con la tierra en la parábola del sembrador. Así como los campos de Caín eran duros, el suelo de un corazón ofendido es duro, estéril, emponzoñado por la amargura. La persona ofendida puede experimentar milagros, palabras proféticas, una predicación poderosa y sanidad en su vida. No obstante, estos son dones del Espíritu, no su fruto. Seremos juzgados por nuestro fruto, no por los dones. El don es dado. El fruto es cultivado.

Observemos que Dios dijo que, a consecuencia de lo que había hecho, Caín sería un errante, un vagabundo, un fugitivo. Hay muchos fugitivos y vagabundos espirituales en nuestras iglesias en la actualidad. Si sus dones de canto, predicación, profecía y otros no son recibidos por los líderes de su iglesia, se van. Corren sin rumbo y llevan sobre sí su ofensa, buscando esa iglesia perfecta que reciba su don y sane sus heridas.

Se sienten golpeados y perseguidos. Sienten como si fueran los Jeremías de la época actual. Están "sólo ellos y Dios", con todos los demás en su contra. Se convierten en personas que no pueden aprender. Desarrollan lo que yo llamo un complejo de persecución: "Todos están contra mí". Se consuelan pensando que son santos o profetas de Dios perseguidos. Sospechan de todos. Esto es exactamente lo que le sucedió a Caín. Observe lo que él dice:

> He aquí me echas hoy de la tierra, y de tu presencia me esconderé, y seré errante y extranjero en la tierra; y sucederá que cualquiera que me hallare, me matará.
>
> —GÉNESIS 4:14, ÉNFASIS AÑADIDO

Notemos que Caín sufría de ese complejo de persecución: ¡todos querían destruirlo! Lo mismo sucede en la actualidad. Las personas que se sienten ofendidas creen que todos están en su contra. Con esta actitud, es difícil que vean áreas de su propia vida que necesitan cambiar. Así que se aíslan, se desvían y se conducen de una manera tal que invita al maltrato.

> Su deseo busca el que se desvía, y se entremete en todo negocio. No toma placer el necio en la inteligencia.
>
> —PROVERBIOS 18:1

Dios no nos creó para que vivamos aislados, independientes unos de otros. Él disfruta cuando ve que sus hijos se cuidan y se nutren unos a otros. Lo frustra ver que nos ponemos de mal humor y nos autocompadecemos, que nuestra felicidad depende de todos los demás. Él desea que seamos miembros activos de la familia. Desea que recibamos nuestra vida de Él. Una persona desviada busca sólo su propio deseo, no el de Dios. No recibe consejo y se predispone al engaño.

No estoy hablando de los períodos en que Dios llama aparte a un individuo para equiparlo y darle una nueva frescura a su vida. Estoy describiendo a los que se han aprisionado ellos mismos. Van vagando de iglesia en iglesia, de relación en relación, y se aíslan en su propio mundo. Creen que todos los que no concuerdan con ellos están equivocados y en su contra. Se protegen en su aislamiento y se sienten seguros en el ambiente controlado que han creado para sí mismos. Ya no tienen que confrontar las fallas de su carácter. En lugar de enfrentar las dificultades, intentan escapar de la prueba. Y así impiden el desarrollo del carácter que se produce solamente a medida que uno trabaja para resolver los conflictos, porque el ciclo de la ofensa vuelve a comenzar.

CUANDO ABRIGAMOS UNA OFENSA, NO LOGRAMOS VER NUESTRAS PROPIAS FALLAS DE CARÁCTER, PORQUE LA CULPA SE TRANSFIERE A OTRA PERSONA.

Como pareja, acumulamos muchas heridas y nos negamos a perdonar durante años. Llegamos al punto en que teníamos muy pocos amigos, y me sentía aislado y no querido incluso cuando asistía fielmente a una excelente iglesia. Entonces leí el libro La trampa de Satanás y todo cambió. Me enfrenté a mis ofensas y mi falta de perdón...¡y con la ayuda de Dios fui libre!

—C. G, BELFAST, IRLANDA

6

HUIR DE LA REALIDAD

[Estas personas] siempre están aprendiendo, y nunca
pueden llegar al conocimiento de la verdad.
—2 TIMOTEO 3:7

Muchas veces me preguntan: "¿Cuándo debería dejar una iglesia
o un ministerio? ¿Cuán mal deben llegar a estar las cosas?".
Entonces respondo con otra pregunta: "¿Quién lo envió a esa iglesia
a la que está asistiendo?".

La mayoría de las veces me contestan: "Dios".

"Si Dios lo envió allí," explico, "no se vaya hasta que Dios le dé
la libertad de hacerlo. Si el Señor guarda silencio, la mayoría de las
veces es que está diciendo: 'No cambies nada. No te vayas. ¡Quédate
donde yo te he puesto!'".

Cuando Dios nos diga que nos vayamos, nos iremos en paz, sin
importar en qué situación esté el ministerio.

Ciertamente, con alegría saldréis y en paz os iréis.

—ISAÍAS 55:12 (RVA)

Por lo tanto, la partida no será motivada por las acciones o el
comportamiento de otras personas, sino por la guía del Espíritu
Santo. El hecho de dejar un ministerio no depende de cuán mal
andan las cosas.

Salir de una iglesia con un espíritu crítico u ofendido no es el
plan de Dios. Esto significa reaccionar en lugar de actuar siguiendo

su guía. Romanos 8:14 dice: "Porque todos los que son guiados por el Espíritu de Dios, éstos son hijos de Dios". Observemos que no dice: "Porque todos los que reaccionan ante las situaciones difíciles, éstos son hijos de Dios".

Casi siempre que la palabra "hijo" se utiliza en el Nuevo Testamento, proviene de dos palabras griegas: teknon y huios. Una buena definición de la palabra teknon es "aquel que es hijo por el mero hecho del nacimiento".[1]

Cuando nació mi primer hijo, Addison, él era hijo de John Bevere sólo por el hecho de que provenía de mi esposa y de mí. Cuando estaba en la sala, en medio de todos los otros recién nacidos, no era posible distinguirlo como hijo mío por su personalidad. Cuando nuestros familiares y amigos vinieron a visitarlo, no hubieran podido reconocerlo excepto por el cartel que llevaba su nombre, colocado sobre su cuna. Él no poseía nada que lo distinguiera. Addison sería considerado un teknon de John y Lisa Bevere.

Encontramos la palabra teknon en Romanos 8:15–16. Allí dice que dado que hemos recibido el espíritu de adopción, el Espíritu mismo "da testimonio a nuestro espíritu, de que somos hijos [teknon] de Dios". Cuando alguien recibe a Jesucristo como su Señor, es hijo de Dios por esa experiencia del nuevo nacimiento (ver Juan 1:12).

La otra palabra griega que se traduce como "hijos" en el Nuevo Testamento es huios. Muchas veces se utiliza en el Nuevo Testamento para referirse a "aquel que puede ser identificado como hijo dado que muestra el carácter o las características de sus padres".[2]

A medida que mi hijo Addison crecía, comenzó a parecerse a su padre en su apariencia física y su manera de actuar. Cuando tenía seis años, Lisa y yo tuvimos que hacer un viaje y lo dejamos con mis padres. Mi madre le dijo a mi esposa que Addison era casi una copia al carbón de su padre. Su personalidad era como la mía cuando yo tenía su edad. A medida que crecía, fue pareciéndose más y más a su padre. Ahora puede ser reconocido como hijo de John Bevere no solo por el hecho de su nacimiento, sino por las características y la personalidad que reflejan las de su padre.

Así que, para decirlo de forma simple, la palabra griega teknon significa "bebés o hijos inmaduros", y la palabra huios se utiliza generalmente para referirse a los "hijos maduros".[3]

Si observamos una vez más Romanos 8:14, vemos que dice: "Porque todos los que son guiados por el Espíritu de Dios, éstos son hijos [huios] de Dios". Vemos claramente que son los hijos maduros los que son guiados por el Espíritu Santo. Es menos probable que los cristianos inmaduros sigan la guía del Espíritu de Dios. La mayoría de las veces responden o reaccionan de modo emocional o intelectual a las circunstancias que enfrentan. Aún no han aprendido a actuar solamente según la guía del Espíritu de Dios.

A medida que Addison vaya creciendo, progresará en el desarrollo de su carácter. Mientras más maduro se vuelva, más responsabilidad le confiaré. No sería bueno que permanezca en la inmadurez. No es voluntad de Dios que siempre seamos bebés.

Una forma en la que ha crecido el carácter de Addison es por medio de las circunstancias difíciles que ha debido enfrentar. Cuando comenzó a asistir a la escuela, se encontró con algunos "bravucones". Escuché sobre algunas cosas que estos chicos malos estaban diciéndole y haciéndole a mi hijo, y me dieron ganas de ir y solucionar todo el asunto de una buena vez. Sin embargo, sabía que eso no era correcto. Mi intervención sería un obstáculo para el crecimiento de mi hijo.

Así que mi esposa y yo continuamos aconsejándolo en casa, preparándolo para la persecución en la escuela. Addison creció en su carácter obedeciendo a nuestros consejos en medio de su sufrimiento.

Esto es similar a lo que Dios hace con nosotros. La Biblia dice que "aunque era Hijo [Huios], por lo que padeció aprendió la obediencia" (Hebreos 5:8, énfasis añadido).

El crecimiento físico se produce en función del tiempo. Ningún niño de dos años puede medir 1,80 m. El crecimiento intelectual se da en función del aprendizaje. Y el crecimiento espiritual no se produce en función del tiempo ni del aprendizaje, sino de la obediencia. Ahora veamos lo que dice Pedro:

Puesto que Cristo ha padecido por nosotros en la carne, vosotros también armaos del mismo pensamiento; pues quien ha padecido en la carne, terminó con el pecado.

—1 Pedro 4:1, énfasis añadido

Un hijo que obedece perfectamente a Dios es alguien que ha dejado de pecar. Es maduro. Elige los caminos de Dios, no los suyos propios. Así como Jesús aprendió la obediencia por medio de lo que padeció, nosotros aprendemos a ser obedientes por medio de las circunstancias difíciles que enfrentamos. Cuando obedecemos a la Palabra de Dios hablada por el Espíritu Santo, crecemos y maduramos en los tiempos de conflicto y sufrimiento. La clave no es nuestro conocimiento de las Escrituras. La obediencia es la clave.

Ahora comprendemos una razón de por qué en las iglesias hay personas que son cristianas desde hace veinte años, pueden citar versículos y capítulos de la Biblia, han oído mil sermones y leído muchos libros, pero aún siguen usando "pañales espirituales". Cada vez que se enfrentan con una situación difícil, en lugar de responder siguiendo la guía del Espíritu de Dios, buscan protegerse a su manera. Son personas que "siempre están aprendiendo, y nunca pueden llegar al conocimiento de la verdad" (2 Timoteo 3:7). Nunca llegan al conocimiento de la verdad porque nunca la aplican.

Si deseamos crecer y madurar, debemos permitir que la verdad se abra paso en nuestra vida. No es suficiente con darle nuestro consentimiento mental, sin obedecerla. Aunque continuemos aprendiendo, nunca maduramos porque desobedecemos.

AUTOCONSERVACIÓN

Una excusa común para la autoconservación por medio de la desobediencia es la ofensa. Hay un falso sentido de autoprotección en darle cabida a una ofensa. Es algo que evita que veamos nuestras propias fallas de carácter, porque la culpa se transfiere a otra persona. Nunca tenemos que enfrentarnos con nuestro rol, nuestra inmadurez o nuestro pecado, porque sólo vemos las fallas de quien nos ofendió. De ese modo, la intención de Dios de desarrollar un carácter en nosotros por medio de esta oposición queda trunca. La persona ofendida evita el origen de la ofensa y finalmente huye, convirtiéndose en un vagabundo espiritual.

Hace poco una mujer me contó sobre una amiga suya que había dejado una iglesia y comenzó a asistir a otra. Un día esta mujer invitó al pastor de su nueva iglesia a cenar. Durante la conversación, el pastor le preguntó por qué había dejado la primera iglesia. Ella le contó todos los problemas que tenían los líderes allí.

El pastor la escuchó e intentó animarla. Por experiencia, sé que hubiera sido sabio que ese pastor, por medio de la Palabra de Dios, le aconsejara ponerle fin a su dolor y su actitud crítica. Si fuera necesario, podría haberle sugerido que regresara a su anterior iglesia hasta que Dios la dejara ir en paz.

Cuando Dios nos deja ir en paz, no tendremos que soportar la presión de justificar nuestra partida ante los demás. No estaremos bajo la presión de juzgar o dejar al descubierto de forma crítica los problemas que tenía la iglesia a la que asistíamos antes. Yo sabía que sólo sería cuestión de tiempo antes de que esta mujer comenzara a responder ante su nuevo pastor y sus nuevos líderes de la misma manera que lo había hecho en la otra iglesia. Cuando retenemos una ofensa en nuestro corazón, filtramos todo a través de ella.

Hay una antigua parábola que se aplica a esta situación. En la época en que los primeros colonos se mudaban al oeste de los Estados Unidos, un hombre sabio se encontraba de pie en una colina en las afueras de una ciudad que recién estaba construyéndose. A medida que los colonos llegaban del este, la primera persona que encontraban antes de entrar a la nueva ciudad era este hombre. Ansiosamente, todos le preguntaban cómo era la gente de ese lugar.

Él les respondía con una pregunta: "¿Cómo era la gente de la ciudad de la que usted salió?".

Algunos decían: "La ciudad de la que venimos era malvada. La gente era maleducada y chismosa, y se aprovechaba de los inocentes. Estaba llena de mentirosos y ladrones".

Entonces el sabio les explicaba: "Esta ciudad es igual a la que acaban de dejar".

Ellos le agradecían por haberles ahorrado tener que pasar de nuevo por el problema que acababan de dejar y seguían más adelante hacia el oeste.

En cierta ocasión llegó otro grupo de colonos y le formuló al hombre la misma pregunta: "¿Cómo es la ciudad?".

El hombre sabio les preguntó a su vez: "¿Cómo era la ciudad de la que ustedes han salido?".

Ellos respondieron: "Era hermosa. Teníamos muchos amigos amados. Todos se preocupaban por los demás. Nunca había escasez de nada, porque todos cuidábamos de todos. Si alguien tenía un proyecto importante, la comunidad entera se reunía para ayudarlo. Fue una decisión muy dura la de dejar ese lugar, pero nos motivó la idea de abrir el camino para las generaciones futuras yendo al oeste como pioneros".

El anciano sabio les dijo exactamente lo mismo que le había dicho a los demás: "Esta ciudad es igual a la que acaban de dejar".

Y ellos respondieron con gozo: "¡Quedémonos aquí!".

Cómo estas personas veían sus relaciones pasadas afectaba el modo en que desarrollarían sus relaciones futuras.

La forma en que dejamos una iglesia o una relación es la forma en que entraremos en la próxima iglesia o relación. Jesús dijo en Juan 20:23: "A quienes remitiereis los pecados, les son remitidos; y a quienes se los retuviereis, les son retenidos".

Retenemos los pecados de otras personas cuando retenemos una ofensa y abrigamos resentimiento. Si dejamos una iglesia o una relación sintiéndonos resentidos y amargados, entraremos a la próxima iglesia o relación con esa misma actitud. Entonces será más fácil abandonar esa próxima relación cuando surjan problemas. No sólo estamos tratando con las heridas que se producen en la nueva relación, sino con las que quedaron de la relación anterior.

Las estadísticas dicen que de sesenta a sesenta y cinco por ciento de las personas que se divorcian terminan divorciándose de nuevo luego de casarse otra vez.[4] La forma en que una persona deja su primer matrimonio determina el patrón de comportamiento que seguirá en el segundo. La falta de perdón que demuestra hacia su primer cónyuge es un obstáculo para su futuro con el segundo. Al culpar al otro, se ciega a las fallas de su propio rol o sus características. Y para hacerlo todavía peor, ahora se agrega el temor a ser herido.

Este principio no se limita al matrimonio y el divorcio. Puede aplicarse a todas las relaciones. Un hombre que había trabajado para otro ministro se integró a nuestro equipo. Él resultó herido por su anterior líder, pero el tiempo había pasado, y sentí que el Señor me indicaba que le pidiera que viniera a trabajar con nosotros. Yo creía que estaba en el proceso de superar esa herida.

Llamé al que había sido su líder y le comenté mi idea de incorporar a este hombre a nuestro equipo. Él me animó y me dijo que era una buena decisión, ya que sabía que yo los apreciaba mucho a ambos. Pensaba que este hombre podría sanarse por completo mientras trabajara para nosotros. Les dije a ambos que estaba orando para que su relación se sanara y fuera restaurada.

Cuando el hombre se integró a nuestro equipo, comenzó a haber problemas casi de inmediato. Yo intervenía para solucionar las cosas, pero el alivio era sólo temporal. Parecía que este hombre no podía superar los problemas de su relación anterior. Era algo que volvía a acosarlo todo el tiempo. Hasta llegó a acusarme de hacer las mismas cosas que había hecho su anterior líder.

El hecho de que este hombre estuviera bien me preocupaba más que lo que él pudiera hacer como empleado nuestro. Hice algunas excepciones en su caso que no hubiera hecho con otro, ya que deseaba verlo sano.

Finalmente él renunció sólo dos meses después. Se sentía atrapado en la misma situación que había vivido antes. Se fue diciéndome: "John, nunca volveré a trabajar en un ministerio".

Lo bendije y lo vi partir. Nosotros los amamos mucho, a él y a su esposa. Lo triste es que en su vida hay un fuerte llamado para desempeñarse en eso mismo que ha abandonado, aunque esto no significa que no vaya a tener éxito en otras áreas.

Después que él se fue, me sentí inquieto y busqué al Señor. "¿Por qué se fue tan rápidamente si ambos sentíamos que era la persona adecuada?"

Unas semanas después, el Señor utilizó a un sabio pastor amigo mío para darme la respuesta. "Muchas veces Dios permite que las personas huyan de situaciones que Él desea que enfrenten si en su corazón ellas lo han decidido así."

Entonces me relató la historia de Elías, que huyó de Jezabel (1 Reyes 18—19). Elías acababa de ejecutar a los malvados profetas de Baal y Asera. Estos hombres habían llevado a la nación a la idolatría y comido a la mesa de Jezabel. Cuando ella lo supo, amenazó con matar a Elías dentro de un plazo de veinticuatro horas.

Dios deseaba que Elías la enfrentara, pero en cambio, él huyó. Se sentía tan desanimado que oró deseando morir. No estaba en condiciones de cumplir con la tarea. Dios envió a un ángel para alimentarlo con tortas y le permitió que huyera durante cuarenta días y cuarenta noches hacia el monte Horeb.

Cuando llegó, lo primero que Dios le preguntó fue: "¿Qué haces aquí, Elías?".

Parece una pregunta muy extraña. El Señor le había dado comida para el viaje, le había permitido partir, y ahora, cuando llegaba, le preguntaba: "¿Qué haces aquí, Elías?". Dios sabía que Elías estaba decidido a escapar de la difícil situación. Por eso lo permitió, aunque es obvio por su pregunta que este no era su plan original.

Entonces el Señor le dijo a Elías: "Vé, vuélvete por tu camino, por el desierto de Damasco; y llegarás, y ungirás a Hazael por rey de Siria. A Jehú hijo de Nimsi ungirás por rey sobre Israel; y a Eliseo hijo de Safat, de Abel-mehola, ungirás para que sea profeta en tu lugar" (1 Reyes 19:15). Bajo los ministerios de Jehú y Eliseo, esta malvada reina y su maligno sistema fueron destruidos (2 Reyes 9—10). Esta tarea no fue completada por Elías, sino por los sucesores que Dios le dijo que pusiera en su lugar.

El pastor me dijo: "Si en lo profundo de nuestro corazón estamos totalmente decididos a no enfrentar situaciones difíciles, Dios nos librará de ellas, aunque no sea su perfecta voluntad".

Luego recordé un incidente en Números 22 que ilustra este mismo principio. Balaam deseaba maldecir a Israel, porque eso le daría una gran ganancia personal.

La primera vez, le preguntó al Señor si le permitía ir, y Dios le mostró que su voluntad era que no fuera. Cuando los príncipes de Moab regresaron con más dinero y honores, Balaam fue a consultar a Dios de nuevo. Es ridículo pensar que Dios cambiaría su forma de pensar porque Balaam fuera a recibir más dinero y honores. Sin embargo, esta vez Dios le dijo que fuera con ellos.

¿Por qué, entonces, cambió Dios de parecer? La respuesta es que Dios no cambió de idea. Balaam estaba tan decidido a ir que Dios se lo permitió. Por eso su ira se encendió contra Balaam cuando lo hizo.

Podemos continuar molestando al Señor con respecto a algo para lo que Él ya nos ha mostrado cuál es su voluntad. Entonces, Él nos permitirá hacer lo que deseamos aunque sea en contra de su plan original, aun cuando vaya en contra de lo que es mejor para nosotros.

Muchas veces el plan de Dios nos hace enfrentar heridas y actitudes que no deseamos enfrentar. Sin embargo, cuando huimos, nos alejamos justamente de aquello que podría fortalecer nuestras vidas. Negarnos a tratar con una ofensa no nos ayudará a deshacernos del problema. Sólo nos dará un alivio temporal. La raíz del problema sigue intacta.

Mi experiencia con el joven que contraté también me enseñó una lección referente a las ofensas y las relaciones. Es imposible establecer una relación sana con una persona que ha dejado otra relación sintiéndose amargada y ofendida. Es necesario que haya sanidad. Aunque este hombre decía que había perdonado a su anterior líder, no lo había olvidado.

El amor olvida las maldades cometidas para que haya esperanza en el futuro. Si en realidad hemos superado una ofensa, buscaremos con diligencia hacer las paces. Puede que no sea de inmediato, pero en nuestros corazones buscaremos la oportunidad para que se produzca la restauración.

Un amigo muy sabio me dijo luego: "Hay un proverbio antiguo que dice: 'El que se quema con leche, ve una vaca y llora'". ¿Cuántas personas se pierden hoy el alimento de la leche fresca porque una vez se quemaron y no han podido olvidar?

Jesús desea sanar nuestras heridas. No obstante, muchas veces no le permitimos hacerlo porque no es la senda más fácil a seguir. Este es el camino de la humildad y la negación de nosotros mismos, que nos lleva a la sanidad y la madurez espiritual. Es la decisión de que el bienestar de otra persona es más importante que el nuestro, aun cuando esa persona nos haya provocado gran dolor.

Los orgullosos no pueden recorrer esa senda, sino sólo aquellos que desean la paz aunque les cueste el rechazo. Es un camino que lleva a la humillación y a rebajarse uno mismo. Es el camino que lleva a la vida.

LO QUE APRENDEMOS EN LA PRESENCIA DE DIOS NO PUEDE SER APRENDIDO EN LA PRESENCIA DE LOS HOMBRES.

He estado leyendo La trampa de Satanás. Mi perspectiva de la Palabra de Dios ha cambiado desde entonces. He logrado dejar atrás algo que fue muy doloroso, y de no haber sido por el mensaje de este libro, podía haber quedado atrapado por toda la eternidad.

—F. N. MALASIA

7

EL CIMIENTO ESTABLE

> Por tanto, Jehová el Señor dice así: He aquí que
> yo he puesto en Sion por fundamento una piedra,
> piedra probada, angular, preciosa, de cimiento
> estable; el que creyere, no se apresure.
> —Isaías 28:16

"El que creyere, no se apresure". Una persona que se apresura es inestable, porque sus acciones no tienen un fundamento adecuado. Esta persona es fácilmente conmovida y arrojada a un lado y a otro por las tormentas de las persecuciones y las pruebas. Por ejemplo, veamos lo que sucedió con Simón Pedro.

Jesús había entrado en la región de Cesarea de Filipo y les preguntó a sus discípulos: "¿Quién dicen los hombres que es el Hijo del Hombre?" (Mateo 16:13).

Varios discípulos compartieron con entusiasmo las opiniones de la gente sobre quién era Jesús. Él esperó a que terminaran, y luego los miró y les preguntó directamente: "Y vosotros, ¿quién decís que soy yo?" (v. 15).

Estoy seguro de que en los rostros de la mayoría de los discípulos hubo miradas de confusión y temor mientras reflexionaban sobre la pregunta, quizá boquiabiertos y sin poder articular palabra.

De repente, los hombres que habían estado tan deseosos de hablar para publicar las opiniones de los demás permanecieron en silencio. Quizá nunca se habían planteado seriamente esa pregunta. Fuera cual fuera el caso, comprendían que no tenían la respuesta.

Jesús hizo lo que tan bien sabe hacer. Con una pregunta, logró que buscaran en el interior de su corazón. Los llevó a darse cuenta de lo que sabían y lo que no sabían. Estaban viviendo de las especulaciones de los demás en lugar de afirmar en sus propios corazones quién era Jesús. Ellos no se habían confrontado a sí mismos.

Simón, a quien Jesús llamaba Pedro, fue el único de los discípulos que pudo responder. Él exclamó: "Tú eres el Cristo, el Hijo del Dios viviente" (v. 16).

"Entonces le respondió Jesús: Bienaventurado eres, Simón, hijo de Jonás, porque no te lo reveló carne ni sangre, sino mi Padre que está en los cielos" (v. 17).

Jesús estaba explicándole a Pedro el origen de esta revelación. Simón Pedro no había recibido este conocimiento escuchando las opiniones de los demás ni por medio de lo que había aprendido, sino que Dios se lo había revelado.

Simón Pedro tenía hambre de las cosas de Dios. Él era el que hacía más preguntas. Fue el que anduvo sobre el agua mientras los otros once observaban. Era de los que no se conformaban con la opinión de los demás. Él quería escuchar directamente a Dios.

Este conocimiento revelado de Jesús no le vino por medio de los sentidos, sino que fue un don, un regalo, que iluminó su corazón en respuesta a su anhelo. Muchos habían visto y sido testigos de lo mismo que Pedro, pero sus corazones no anhelaban conocer la voluntad de Dios de la misma forma.

En 1 Juan 2:27 se afirma: "Pero la unción que vosotros recibisteis de él permanece en vosotros, y no tenéis necesidad de que nadie os enseñe; así como la unción misma os enseña todas las cosas, y es verdadera, y no es mentira, según ella os ha enseñado".

Esta unción era la que estaba enseñándole a Simón Pedro. Él escuchó lo que todos dijeron, y luego miró hacia adentro, a lo que Dios le había revelado. Una vez que recibimos un conocimiento revelado por Dios, nada puede hacernos tambalear. Cuando Dios nos revela algo, no importa lo que todo el mundo diga. No podrán cambiar nuestro corazón.

Entonces Jesús le dijo a Simón Pedro y a los demás discípulos: "Sobre esta roca [el conocimiento revelado por Dios] edificaré mi iglesia; y las puertas del Hades no prevalecerán contra ella" (Mateo 16:18). Así vemos claramente que hay un cimiento estable en la

Palabra de Dios revelada; en este caso, fue el hecho de que Pedro comprendió que Jesús era el Hijo de Dios.

LA PALABRA ILUMINADA

Con frecuencia les digo a las congregaciones y a las personas cuando predico que escuchen para distinguir la voz de Dios dentro de mi voz. Muchas veces estamos tan ocupados tomando notas que sólo registramos todo lo que se dice. Esto brinda un conocimiento mental de las Escrituras y sus interpretaciones, un conocimiento de la cabeza.

Cuando sólo poseemos un conocimiento mental, pueden suceder dos cosas: (1) somos fácilmente susceptibles de caer en emocionalismos, o (2) nuestro intelecto nos limita. Sin embargo, este no es el cimiento estable sobre el que Jesús edifica su iglesia. Él dijo que ella estaría fundada en la Palabra revelada, no solamente en versículos memorizados.

Cuando escuchamos hablar a un ministro ungido, o cuando leemos un libro, debemos buscar las palabras o frases que explotan en nuestro espíritu. Esta es la Palabra que Dios nos está revelando. Ella nos da luz y entendimiento espiritual. Como dijera el salmista: "La exposición de tus palabras alumbra; hace entender a los simples" (Salmo 119:130). Es la entrada de su Palabra a nuestros corazones, no a nuestras mentes, lo que ilumina y clarifica.

Muchas veces un ministro puede estar hablando de un tema, pero Dios ilumina algo diferente por completo en mi propio corazón. Por otra parte, Dios puede ungir exactamente cada una de las palabras que diga ese ministro, y ellas explotan dentro de mí. Ya sea de una forma u otra, se trata de la Palabra de Dios revelada para mí. Eso es lo que hace que dejemos de ser simples (sin entendimiento) para ser maduros (llenos de entendimiento). Esta Palabra iluminada en nuestros corazones es el cimiento en el que Jesús dijo que se fundaría su iglesia.

Jesús comparó la Palabra de Dios revelada con una roca. Una roca nos hace pensar en estabilidad y fortaleza. Recordamos la parábola de las dos casas, una construida sobre la roca y la otra sobre la arena. Cuando la adversidad (como la persecución, la tribulación y la aflicción) se arrojó como una tormenta contra ambas casas, la que estaba construida sobre la arena cayó y fue destruida, mientras que la que estaba construida sobre la roca permaneció firme.

Algunas cosas que necesitamos saber de parte de Dios no se encuentran en la Biblia. Por ejemplo: ¿Con quién debemos casarnos?

¿Dónde deberíamos trabajar? ¿A qué iglesia debemos asistir? La lista continúa. Debemos tener la Palabra de Dios revelada para estas decisiones. Sin ella, nuestras decisiones están fundadas en un terreno inestable.

Lo que Dios nos revela por medio de su Espíritu no nos puede ser quitado. Este debe ser el fundamento de todo lo que hagamos. Sin ello, nos sentiremos fácilmente ofendidos por las pruebas y tribulaciones que nos ciegan.

Recordemos de nuevo lo que Jesús dijo sobre la Palabra que se oye y se recibe con entusiasmo, pero no echa raíces en nuestro corazón. Ella es recibida con alegría en la mente y las emociones.

> Estos son asimismo los que fueron sembrados en pedregales: los que cuando han oído la palabra, al momento la reciben con gozo; pero no tienen raíz en sí, sino que son de corta duración, porque cuando viene la tribulación o la persecución por causa de la palabra, luego tropiezan.
>
> —MARCOS 4:16, 17, ÉNFASIS AÑADIDO

Fácilmente podemos cambiar la palabra raíz por cimiento, ya que ambas indican el origen de la estabilidad y la fortaleza de una planta o estructura. Una persona que no está estabilizada o fundamentada en la Palabra de Dios revelada es candidata directa a ser arrastrada por la corriente de la ofensa.

¿Cuántas personas son como los discípulos que Jesús confrontó? Viven de lo que han escuchado decir o predicar a otros. Las opiniones y declaraciones de otras personas son tomadas como verdad, sin buscar el consejo ni el testimonio del Espíritu. Sólo podemos vivir y proclamar lo que Dios nos ha revelado. Esto es lo que Jesús utiliza como base para edificar su iglesia.

Yo tenía una secretaria que era novia de un joven que también trabajaba para la iglesia. Cada día se acercaban más. Todos nos dábamos cuenta de que esta relación terminaría en matrimonio. Ellos mismos ya hablaban del tema seriamente.

Un domingo por la noche, el pastor principal de la iglesia los llamó al frente y les dijo: "Así dice el Señor: Ustedes dos se casarán".

A la mañana siguiente, mi secretaria entró a la oficina como caminando sobre una nube. Estaba tremendamente entusiasmada.

Me preguntó si yo desearía tener a mi cargo la ceremonia de su boda, y le dije que para mí sería un honor hacerlo. Cité a ambos para la semana siguiente para comenzar el proceso de consejería.

Sin embargo, no me sentía cómodo. Cuando ellos entraron a mi oficina, mi espíritu se turbó. Miré a mi secretaria y le pregunté si ella sabía con seguridad que este hombre era el que Dios había elegido para ella. Con entusiasmo y firmeza, me respondió que sí.

Entonces lo miré a él y le pregunté: "¿Crees que es la voluntad de Dios que te cases con esta muchacha?".

Él me miró con la boca entreabierta por un segundo, luego dejó caer su cabeza y la sacudió como diciendo: "No, no estoy seguro".

Los miré a ambos y luego le expliqué al joven: "No los casaré. No me importa quién les haya profetizado o qué les dijeran. No me importa cuántas personas les hayan dicho: 'Ustedes hacen una magnífica pareja'". Si Dios no ha revelado su voluntad en tu corazón, no tiene sentido que continuemos planeando este matrimonio.

"Si te casas sin que Dios te revele que esta es su perfecta voluntad para ti", continué, "cuando lleguen las tormentas, y créeme que vendrán, comenzarás a cuestionarte: '¿Qué habría sucedido si me hubiera casado con otra? ¿Tendría estos problemas? Tendría que haberme asegurado de que era voluntad de Dios. Me siento atrapado'".

"Entonces tu corazón desfallecerá, y no podrás luchar contra la adversidad que sopla en contra de tu matrimonio. Serás un hombre de doble ánimo, inestable en todos tus caminos".

Di por terminada la entrevista y les dije que no había razón para que volviéramos a reunirnos. Él se sentía aliviado. Ella estaba muy molesta. Durante la semana siguiente el ambiente en nuestra oficina fue muy incómodo. No obstante, yo sabía que había dicho la verdad. Era un tiempo de prueba para ella. Si Dios realmente le había asegurado que este hombre sería su esposo, tendría que confiar en el Señor para que se lo revelara a él y no ofenderse conmigo ni con Dios. Le dije que no se interpusiera en su camino y dejara que su novio escuchara la voz de Dios. Ella lo hizo.

Pasaron tres semanas y volvieron a solicitar una entrevista conmigo. De inmediato sentí gozo. Esta vez, cuando entraron a la oficina, él me miró con ojos brillantes y me dijo: "Sé sin lugar a dudas que esta es la mujer que Dios me ha dado para que sea mi esposa". Siete meses después, se casaron.

Cuando estamos seguros de que Dios nos ha puesto en una relación o en una iglesia, al enemigo le costará mucho más hacernos salir de ella. Estamos fundamentados en la Palabra de Dios revelada y solucionaremos los conflictos, aunque parezca imposible.

NO HAY OTRA OPCIÓN

Los primeros cinco años de mi matrimonio fueron muy duros para mi esposa y para mí. Nos heríamos tan profundamente que llegó a parecernos imposible salvar el amor que alguna vez nos habíamos tenido.

Sólo una cosa nos mantuvo unidos: Ambos sabíamos que nuestro matrimonio había sido la voluntad de Dios. Por lo tanto, no considerábamos que el divorcio fuera una opción. La única posibilidad que teníamos era creer que Él nos sanaría y nos cambiaría. Ambos nos comprometimos a seguir ese proceso, sin importar cuánto tuviéramos que sufrir.

Cuando pensaba en abandonarlo todo, recordaba las promesas que Dios me había dado en relación con nuestro matrimonio. No deseaba frustrar lo que Dios había diseñado y decretado para nuestra unión.

Una promesa que Dios nos había dado era que mi esposa y yo ministraríamos juntos. En el momento en que Él nos la dio pensé: "Puedo verlo claramente. Su mano está sobre nosotros dos para el ministerio".

En medio de nuestras tormentas maritales, ya no veía claramente esa promesa. Sin embargo, me negué a no creer en ella. La esperanza natural se había perdido porque las contiendas y el orgullo habían entrado en nuestra relación. No obstante, aún existía una semilla sobrenatural de vida en mi corazón. Esa promesa fue un ancla, un fundamento en el momento en que la necesitaba.

Finalmente, Dios no sólo sanó nuestra relación, sino que la hizo mucho más fuerte que antes. Crecimos por medio de los conflictos, perdonándonos y aprendiendo de ellos. Ahora ministramos juntos. Mi esposa es para mí no sólo mi amante y mi mejor amiga, sino el ministro en quien más confío. Confío más en ella que en cualquier otra persona.

Después de atravesar esos terribles cinco primeros años, comprendí que Dios veía fallas en la vida de los dos, y que nuestra relación las hacía salir a la luz.

Estaba asombrado ante su sabiduría al habernos unido como marido y mujer. Antes de conocer a Lisa, había orado diligentemente por la mujer que un día sería mi esposa. Era la segunda decisión más importante en mi vida, luego de obedecer al evangelio. Debido a todo lo que había orado y esperado que mi esposa fuera la elegida por Dios, creía que no experimentaría los problemas que otros tenían en su matrimonio. ¡Ah, cuán equivocado estaba!

Dios eligió para mí la esposa que mi corazón deseaba. Sin embargo, ella también puso al descubierto el egoísmo y la inmadurez que estaban ocultos en mí. ¡Y había mucho! Evitar el conflicto eligiendo el divorcio o culpándola a ella sólo hubiera servido para esconder mi inmadurez bajo otra capa de falsa protección llamada ofensa. Conociendo lo que la Palabra de Dios decía sobre el matrimonio, no intenté huir.

En este momento debo desviarme un poco del tema principal de este capítulo. Quizás alguien que lea estas palabras esté pensando: Pero yo no era salvo cuando me casé.

A usted, Dios le dice: "A los que están unidos en matrimonio, mando, no yo, sino el Señor: Que la mujer no se separe del marido; y si se separa, quédese sin casar, o reconcíliese con su marido; y que el marido no abandone a su mujer […] Cada uno, hermanos, en el estado en que fue llamado, así permanezca para con Dios" (1 Corintios 7:10, 11, 24).

Que esta palabra sobre el pacto del matrimonio se afirme en su corazón para que la trampa de la ofensa no le mueva de su lugar. Luego, busque la palabra revelada de Dios para su matrimonio.

Quizá alguno no se haya casado según la voluntad de Dios, aun siendo creyente. Para que la voluntad de Dios esté sobre su matrimonio, debe arrepentirse de no haber buscado su consejo antes de casarse, y Él le perdonará. Crea en su corazón que dos equivocaciones no forman un acierto. Romper un pacto por una ofensa no es la respuesta. Luego, busque la Palabra de Dios con relación a su matrimonio.

LA ROCA FIRME

La Palabra de Dios revelada es la roca firme sobre la que debemos edificar nuestra vida y nuestros ministerios. Numerosas personas me han hablado de las muchas iglesias o equipos ministeriales que han integrado sólo por un breve tiempo. Mi corazón se entristece al ver que lo que mueve a estas personas son las pruebas, no la dirección de Dios. Ellas relatan lo mal que estaban las cosas o cuán mal las trataron a ellas y a otros. Se sienten justificadas en sus decisiones. No obstante, sus razonamientos son sólo una nueva capa de engaño que les impide ver la ofensa y sus propias fallas de carácter.

Hablan de su relación actual con el ministerio o la iglesia de la que ahora son parte como algo "temporal", diciendo: "Este es el lugar en que me tiene el Señor por ahora". He llegado a escuchar a un hombre decir: "Estoy a préstamo en esta iglesia". Dicen estas cosas para tener una ruta de escape en caso de que las cosas se pongan mal. No tienen fundamento en el cual afirmarse en los nuevos lugares a donde van, de modo que cualquier tormenta los hará volar fácilmente hacia el próximo puerto.

¿ADÓNDE IREMOS?

Volviendo al ejemplo del momento en que Jesús les pregunta a sus discípulos quién creen ellos que es Él, vemos la estabilidad que se logra cuando conocemos la voluntad revelada de Dios. Observemos a Simón Pedro.

Después de que Simón expresara lo que el Padre le reveló a su corazón, Jesús le dijo: "Y yo también te digo, que tú eres Pedro, y sobre esta roca edificaré mi iglesia; y las puertas del Hades no prevalecerán contra ella" (Mateo 16:18).

Jesús cambió el nombre de su discípulo Simón y lo llamó Pedro. Esto es significativo, porque el nombre Simón quiere decir "oír".[1] Por otra parte, el nombre Pedro (la palabra griega es Petros) significa "piedra".[2] Como resultado de escuchar la Palabra de Dios revelada en su corazón, el apóstol se convirtió en una piedra. Una casa construida con piedras, sobre el firme fundamento de la roca, soportará las tormentas que se abatan contra ella.

La palabra roca que se utiliza en este versículo proviene de la palabra griega petra, que significa "roca grande".[3] Jesús le estaba diciendo a Simón Pedro que ahora él estaba hecho de la sustancia que serviría de fundamento a la casa.

Luego, Pedro escribió en su epístola: "Vosotros también, como piedras vivas, sed edificados como casa espiritual" (1 Pedro 2:5). Una piedra es un trozo pequeño de una roca grande. La fortaleza, la estabilidad y el poder están en la roca de la Palabra de Dios revelada, y hay fruto en la vida de la persona que la recibe. Esa persona es fortalecida con la fuerza de aquel que es la Palabra viva de Dios: Jesucristo.

Como escribe el apóstol Pablo en 1 Corintios 3:11: "Porque nadie puede poner otro fundamento que el que está puesto, el cual es Jesucristo". Cuando busquemos al que es la Palabra viva de Dios, Él nos será revelado, y nos dará firmeza.

Durante los últimos días de Jesús sobre la tierra, la vida se volvió más difícil para su equipo ministerial. Los líderes religiosos y los judíos perseguían a Jesús, intentando matarlo (Juan 5:16). Cuando las cosas comenzaron a mejorar y el pueblo quiso hacerlo rey por la fuerza, Él se negó y se apartó de ellos (Juan 6:15).

"¿Por qué hizo eso?", se preguntaban sus discípulos. "Esta era su oportunidad, y la nuestra". Ellos estaban en medio de un conflicto. La tormenta arreciaba.

"Hemos dejado a nuestras familias y nuestros trabajos para seguir a este hombre. Tenemos mucho que perder. Creemos que Él es el que vendría. Después de todo, Juan el Bautista lo declaró, y escuchamos a Simón Pedro decirlo en Cesarea de Filipo. Tenemos dos testigos. Sin embargo, ¿por qué continúa irritando a los líderes actuales? ¿Por qué está cavando su propia fosa? ¿Por qué nos dice cosas tan duras como 'generación incrédula y perversa, ¿hasta cuándo os he de soportar?' a nosotros que somos sus discípulos?"

En estos hombres que habían dejado todo para seguirlo estaba creciendo la ofensa.

Entonces sucedió lo máximo. Jesús les predicó algo que sonaba evidentemente a herejía: "De cierto, de cierto os digo: Si no coméis la carne del Hijo del Hombre, y bebéis su sangre, no tenéis vida en vosotros" (Juan 6:53).

"¿Qué está predicando ahora?", se preguntaban. "¡Esto ya va demasiado lejos!" Y no sólo eso, sino que había dicho estas cosas frente a todos los líderes en la sinagoga en Capernaum. Para estos discípulos, esta fue la gota que rebasó el vaso.

> Al oírlas [las cosas que dijo], muchos de sus discípulos dijeron: Dura es esta palabra; ¿quién la puede oír?
>
> —Juan 6:60

Observemos la respuesta de Jesús:

> Sabiendo Jesús en sí mismo que sus discípulos murmuraban de esto, les dijo: ¿Esto os ofende?
>
> —Juan 6:61

¡Se trataba de sus propios discípulos! Jesús no se retracta de la verdad, sino que confronta a estos hombres. Él sabe que algunos de ellos han estado viviendo sobre un fundamento defectuoso. Así que saca a la luz ese fundamento y les da la oportunidad de ver lo que hay en sus corazones. No obstante, éstos no eran como Simón Pedro o los otros discípulos, que tenían hambre de la verdad. Observemos cómo reaccionaron:

> Desde entonces muchos de sus discípulos volvieron atrás, y ya no andaban con él.
>
> —JUAN 6:66, ÉNFASIS AÑADIDO

Notemos que no se trataba de unos pocos; fueron "muchos". Algunos, sin duda, eran los mismos que antes en Cesarea de Filipo habían dicho tan rápidamente al preguntarles quién decía la gente que era el Hijo del Hombre: "Unos, Juan el Bautista; otros, Elías; y otros, Jeremías, o alguno de los profetas" (Mateo 16:14). Ellos no estaban fundados en la Palabra de Dios revelada.

La ofensa creció a tal punto que hicieron lo que muchos hacen en la actualidad: se fueron. Pensaron que habían sido engañados y maltratados, pero no era así. No veían la verdad porque sus ojos estaban concentrados en sus propios deseos egoístas.

Ahora veamos qué sucede con Simón Pedro cuando Jesús confronta a los doce:

> Dijo entonces Jesús a los doce: ¿Queréis acaso iros también vosotros? Le respondió Simón Pedro: Señor, ¿a quién iremos? Tú tienes palabras de vida eterna. Y nosotros hemos creído y conocemos que tú eres el Cristo, el Hijo del Dios viviente.
>
> —JUAN 6:67–69, ÉNFASIS AÑADIDO

Jesús no les rogó a estos hombres: "Por favor, no se vayan. Acabo de perder a la mayor parte de mi equipo. ¿Cómo podría arreglármelas sin ustedes?" No, Él los confronta. "¿Ustedes también desean irse?"

Observemos lo que contesta Pedro, aunque está luchando con la misma oportunidad de sentirse ofendido que tienen los demás, "Señor, ¿a quién iremos?".

Lo que escuchó seguramente lo había confundido, pero él sabía algo que los demás no conocían. En Cesarea de Filipo, Pedro había tenido una revelación de quién era verdaderamente Jesucristo: "el Hijo del Dios viviente" (Mateo 16:16).

Ahora, al calor de esta prueba, Pedro expresó lo que estaba profundamente enraizado en su corazón: "Hemos creído y conocemos que tú eres el Cristo, el Hijo del Dios viviente". Estas son exactamente las mismas palabras que exclamara en Cesarea de Filipo. Pedro era una piedra, establecida sobre la roca firme de la Palabra viva de Dios. Él no se iría ofendido.

REACCIÓN BAJO PRESIÓN

Muchas veces digo que las pruebas y las dificultades ubican a una persona. En otras palabras, determinan dónde estamos espiritualmente. Revelan la verdadera condición de nuestro corazón. La forma en que reaccionamos ante la presión es la forma en que reacciona el verdadero yo.

Podemos tener una casa fundada en la arena, de cinco pisos de altura, hermosa y decorada con los materiales y las artesanías más elaboradas. Mientras el sol brille, parecerá un derroche de fortaleza y belleza.

Junto a ella podemos tener una casa simple de una sola planta. La misma pasa inadvertida y probablemente sea muy poco atractiva comparada con la hermosa construcción que se halla a su lado. Sin embargo, está edificada sobre algo que no podemos ver: una roca.

Mientras no haya tormentas, la casa de cinco pisos luce mucho más hermosa. No obstante, cuando se enfrenta a una tormenta fuerte, cae y queda totalmente en ruinas. Quizá sobreviva a algunas tormentas menores, pero no a un huracán. En cambio, la casa simple, de una sola planta, sobrevive. Y mientras más grande es la casa, más dura y notoria es su caída.

Algunas personas en la iglesia son como los discípulos que contestaron rápidamente en Cesarea de Filipo, pero luego quedaron al descubierto. Quizá parezcan cristianos "de cinco pisos", una imagen viviente de fortaleza, estabilidad y belleza. Tal vez superen algunas tormentas menores o medianas. Con todo, cuando se produce una tormenta de grandes proporciones, se reubican.

Asegúrese de edificar su vida sobre la Palabra de Dios revelada, no sobre lo que digan las personas. Busque continuamente al Señor y escuche a su corazón. No haga o diga cosas sólo porque los demás lo hacen. ¡Búsquelo a Él, y afírmese en lo que se ilumina en su corazón!

CUANDO EL ENEMIGO ZARANDEA, ES PARA DESTRUIR. PERO DIOS TIENE OTROS PROPÓSITOS.

Deseo agradecerle a Dios por el mensaje de La trampa de Satanás. He estado ayunando y orando para que tenga lugar un avance significativo en mi vida. El Señor me condujo a este mensaje, el cual ha cambiado mi vida de forma radical. Todos aquellos que forman parte del liderazgo no deben dejar de leer este libro.

—C. P., NUEVA ZELANDA

8

TODO LO QUE PUEDA SER CONMOVIDO, SERÁ CONMOVIDO

La voz del cual conmovió entonces la tierra,
pero ahora ha prometido, diciendo:
Aún una vez, y conmoveré no solamente la tierra,
sino también el cielo. Y esta frase: Aún una vez,
indica la remoción de las cosas movibles, como cosas
hechas, para que queden las inconmovibles.
—HEBREOS 12:26–27

En el capítulo anterior dijimos que la Palabra de Dios revelada es el fundamento sobre el cual Jesús edifica su iglesia. Vimos a Simón Pedro permanecer mientras otros discípulos se alejaban, ofendidos. Aun cuando Jesús le dio la oportunidad de irse, Simón Pedro habló de lo que estaba firmemente establecido en su corazón.

Ahora veamos otra prueba por la que pasó Simón Pedro la noche que Jesús fue traicionado.

Jesús estaba sentado con sus doce apóstoles, dando gracias y sirviendo la comunión, cuando pronunció unas palabras que dejaron atónitos a todos: "Mas he aquí, la mano del que me entrega está conmigo en la mesa. A la verdad el Hijo del Hombre va, según lo que está determinado; pero ¡ay de aquel hombre por quien es entregado!" (Lucas 22:21–22). Hoy podríamos decir que el anuncio de Jesús "cayó como una bomba" entre sus discípulos.

Aunque Jesús sabía desde el principio que sería traicionado, era la primera vez que sus discípulos oían hablar del tema. ¿Se imagina usted la horrible sensación que invadió ese lugar cuando Él dijo que uno de los que había estado con Él desde el principio, un discípulo cercano, lo traicionaría?

En respuesta a sus palabras, "comenzaron a discutir entre sí, quién de ellos sería el que había de hacer esto" (Lucas 22:23). La idea de que alguno de ellos fuera capaz de hacer semejante cosa los abrumó. Sin embargo, el motivo por el cual deseaban averiguarlo no era puro. Lo sabemos por la forma en que terminó la conversación. La razón de sus preguntas y su discusión era egoísta y llena de orgullo. Veamos qué dice el siguiente versículo:

> Hubo también entre ellos una disputa sobre quién de ellos sería el mayor.
>
> —Lucas 22:24

Imaginémoslo: Jesús les dijo que Él sería entregado a los jefes de los sacerdotes para ser condenado a muerte y a los romanos para que se burlaran de Él, lo abofetearan y finalmente lo mataran. Y el que haría esto estaba sentado con Él a la mesa.

Los discípulos comenzaron a preguntarse quién sería el traidor, y todo terminó con una discusión sobre cuál de ellos sería el mayor. Era algo deshonroso, casi como un grupo de hijos disputándose una herencia. Nadie se preocupaba por Jesús; todos estaban preocupados por el poder y los puestos futuros. ¡Qué egoísmo tan inconcebible!

Si yo hubiera estado en el lugar de Jesús, quizá les habría preguntado si habían escuchado mis palabras o si les importaban. En este incidente vemos un ejemplo del amor y la paciencia del Maestro. La mayoría de nosotros, si hubiésemos estado en el lugar de Jesús, habríamos dicho: "¡Ustedes, todos, salgan de aquí! ¡En mi hora de mayor necesidad, piensan sólo en sí mismos!". ¡Qué oportunidad para sentirse ofendido!

Casi podemos imaginar quién inició la disputa entre los discípulos: Simón Pedro, ya que él tenía la personalidad más dominante del grupo y por lo general era el que hablaba primero.

Es probable que de inmediato les haya recordado a los demás que él había sido el único que caminara sobre las aguas. O quizá les hizo recordar que él fue el que tuvo la primera revelación de quién era en verdad Jesús. O tal vez haya compartido una vez más su experiencia en el monte de la transfiguración con Jesús, Moisés y Elías.

Él estaba totalmente confiado en el hecho de que era el mayor de los doce. Sin embargo, esta confianza no estaba fundada en el amor, sino más que nada en el orgullo.

Jesús los vio y les dijo que estaban actuando como meros hombres, no como hijos del reino: "Los reyes de las naciones se enseñorean de ellas, y los que sobre ellas tienen autoridad son llamados bienhechores; mas no así vosotros, sino sea el mayor entre vosotros como el más joven, y el que dirige, como el que sirve. Porque, ¿cuál es mayor, el que se sienta a la mesa, o el que sirve? ¿No es el que se sienta a la mesa? Mas yo estoy entre vosotros como el que sirve" (Lucas 22:25–27).

EL PROPÓSITO DEL ZARANDEO

Aunque Simón Pedro había recibido abundante revelación de quién era Jesús, aún no estaba viviendo según el carácter y la humildad de Cristo. Estaba edificando su vida y su ministerio en las victorias pasadas y el orgullo. Pablo nos advierte que tengamos cuidado de edificar sobre el fundamento que es Cristo (1 Corintios 3:10).

Simón Pedro no estaba edificando con los materiales necesarios para el Reino de Dios, sino con elementos tales como una fuerte voluntad y la confianza en sí mismo. Aunque él no estaba consciente de ello, todavía era necesario que su carácter fuera transformado. Su fuente de referencia era "la vanagloria de la vida" (1 Juan 2:16).

El orgullo nunca sería lo suficiente fuerte como para equiparlo a fin de cumplir su destino en Cristo. Si no lo hacía a un lado, ese orgullo finalmente lo destruiría. El orgullo fue la falla del carácter que se halló en Lucifer, el querubín ungido de Dios, y que causó su caída (Ezequiel 28:11–19).

Ahora veamos lo que Jesús le dijo a Simón Pedro:

> Dijo también el Señor: Simón, Simón, he aquí Satanás os ha pedido para zarandearos como a trigo.
>
> —LUCAS 22:31

El orgullo había abierto las puertas para que el enemigo entrara y zarandeara a Simón Pedro. La palabra "zarandearos" es una traducción de la palabra griega *siniazo*, la cual significa "zarandear, sacudir en un tamiz; figurativamente, por una agitación interna, probar la fe de una persona hasta que esté a punto de caer".[1]

Ahora bien, si Jesús hubiera tenido la misma mentalidad que muchos tienen en la iglesia, habría dicho: "Oremos, muchachos, y atemos este ataque del enemigo. ¡No dejaremos que Satanás les haga esto!" No obstante, veamos lo que dice:

> Pero yo he rogado por ti, que tu fe no falte; y tú, una vez vuelto, confirma a tus hermanos.
>
> —LUCAS 22:32

Jesús no oró para que Simón Pedro escapara a este intenso zarandeo que podría hacerlo caer. Él oró para que su fe no fallara en el proceso. Jesús sabía que de esta prueba surgiría un nuevo carácter, el que Simón Pedro necesitaba para cumplir con su destino y fortalecer a sus hermanos.

Satanás había solicitado permiso para zarandear a Simón Pedro con tanta fuerza que perdiera su fe. La intención del enemigo era destruir a este hombre de gran potencial, que había recibido tanta revelación. Sin embargo, Dios tenía un propósito diferente para esa prueba, y, como siempre, Dios le gana la delantera al diablo. Él permitió que el enemigo hiciera esto para lograr que Simón Pedro se desprendiera de todo lo que necesitaba ser removido.

Dios le mostró a mi esposa, Lisa, cinco propósitos para zarandear o sacudir un objeto:

Acercarlo a su fundamento.

Quitar lo que está muerto.

Cosechar lo que está maduro.

Despertarlo.

Unificar o mezclar todo de modo que ya no pueda separarse.

Cualquier proceso mental o actitud del corazón que esté arraigado en el orgullo o el egoísmo será purgado. Como resultado de esta terrible sacudida, toda la confianza que Simón Pedro tenía en sí mismo desaparecería, permaneciendo solo el cimiento estable de Dios. Pedro despertaría y descubriría cuál era su verdadera condición; las cosas muertas serían quitadas y el fruto maduro cosechado, lo cual lo acercaría al fundamento verdadero. Ya no funcionaría independientemente, sino que sería dependiente del Señor.

Pedro respondió con osadía a las palabras de Jesús: "Señor, estoy listo para ir contigo a la prisión o a la muerte". Esta afirmación no partía del Espíritu sino de su propia autoconfianza. No podía presagiar cuán duramente sería sacudido.

JUDAS Y SIMÓN

Algunos creen que Pedro era un charlatán y un cobarde. No obstante, en el huerto, cuando los guardias del templo fueron a arrestar a Jesús, él desenvainó su espada y atacó al siervo del sumo sacerdote, cortándole la oreja derecha (Juan 18:10). No muchos cobardes atacarían cuando están rodeados de soldados enemigos que los superan ampliamente en número. Así que Pedro era fuerte, pero su fortaleza estaba en su propia personalidad, no en la humildad de Dios, ya que aún no había comenzado el zarandeo.

Sucedió tal como Jesús lo predijera. El mismo Simón Pedro fuerte y valiente, que estaba listo para morir por Jesús blandiendo su espada en un huerto lleno de soldados, fue confrontado por una joven criada, y se sintió tan intimidado que hasta negó a Jesús.

Algunos creen que son las grandes cosas las que hacen tambalear a un hombre. Sin embargo, muchas veces son las más pequeñas las que más nos sacuden. Esto nos muestra cuán inútil es la confianza en nosotros mismos.

Luego, Pedro negó a Jesús dos veces más. Inmediatamente después, el gallo cantó, y Pedro salió y lloró amargamente. Toda su confianza en sí mismo había sido sacudida y creía que jamás podría recuperarse. Lo único que le quedaba, aunque él mismo no fuera consciente de ello, era lo que el Espíritu le había revelado.

Simón Pedro y Judas eran similares en muchas cosas, incluyendo el hecho de que ambos rechazaron a Jesús en esos últimos días cruciales de su vida. No obstante, había entre ellos una diferencia fundamental.

Judas jamás anheló conocer a Jesús como Simón. Judas no había establecido su fundamento en Él. Al parecer amaba a Jesús, ya que había dejado todo por seguirle, viajó con Él constantemente y soportó la furia de la persecución. Echaba fuera demonios, sanaba a los enfermos y predicaba el evangelio. (Recordemos que Jesús envió a los doce a predicar, sanar y liberar, no a los once.) Con todo, sus sacrificios no eran motivados por su amor hacia Jesús ni por la revelación de quién era Él.

Judas tenía sus propios planes desde el principio. Nunca se arrepintió de sus motivos egoístas. Su carácter se revela en algunas cosas que dijo, como: "¿Qué me queréis dar, y yo...?" (Mateo 26:14, énfasis añadido). Él mintió y aduló para sacar provecho (Mateo 26:25). Tomó dinero del tesoro del ministerio de Jesús para su uso personal (Juan 12:4–6). Y la lista continúa. Judas nunca conoció al Señor, aunque pasó tres años y medio en su compañía.

Ambos hombres lamentaron lo que habían hecho, pero Judas no tenía el fundamento que poseía Simón Pedro. Dado que nunca ansió conocer a Cristo, Jesús no se le reveló. Si Judas hubiera tenido una revelación de Jesús, jamás lo hubiera traicionado. Cuando una tormenta fuerte atacó su vida, todo se sacudió y el viento lo hizo volar. Veamos lo que sucedió:

> Entonces Judas, el que le había entregado, viendo que era condenado, devolvió arrepentido las treinta piezas de plata a los principales sacerdotes y a los ancianos, diciendo: Yo he pecado entregando sangre inocente. Mas ellos dijeron: ¿Qué nos importa a nosotros? ¡Allá tú! Y arrojando las piezas de plata en el templo, salió, y fue y se ahorcó.
>
> —MATEO 27:3–5, ÉNFASIS AÑADIDO

Judas se arrepintió, sabiendo que había pecado. Sin embargo, no conocía al Cristo. No comprendía la magnitud de aquel al que había traicionado. Sólo dijo: "He traicionado a alguien inocente". Si hubiera conocido a Cristo como lo conocía Simón Pedro, podría haber regresado a Él y mostrado su arrepentimiento, conociendo la bondad del Señor. Cometer suicidio fue un nuevo acto de independencia de la gracia de Dios. El zarandeo reveló que Judas no tenía fundamento, aun después de haber seguido al Maestro durante tres años.

Numerosas personas hacen "la oración de arrepentimiento", asisten a la iglesia, participan activamente en ella y estudian la Biblia. No obstante, hacen todo esto sin tener una revelación de quién es en realidad Jesucristo, aun cuando lo confiesen con su boca. Cuando sufren una seria desilusión, se ofenden con Dios y ya no quieren saber nada más de Él.

Las he escuchado decir: "¡Dios nunca hizo nada por mí!". "Probé el cristianismo, pero mi vida fue aun peor que antes". O exclamar: "¡Oré y le pedí a Dios que hiciera esto, y no lo hizo!". Estos individuos nunca le entregaron su vida a Jesús, sino que trataron de acercarse a Él a fin de obtener beneficios para sí mismos. Le sirvieron por lo que Él podía darles. Se ofendieron fácilmente. Esta es la descripción que Jesús hace de ellos:

> Estos son asimismo los que fueron sembrados en pedregales: los que cuando han oído la palabra, al momento la reciben con gozo; pero no tienen raíz en sí, sino que son de corta duración, porque cuando viene la tribulación o la persecución por causa de la palabra, luego tropiezan.
>
> —MARCOS 4:16, 17, ÉNFASIS AÑADIDO

Observemos que dice que se ofendieron fácilmente porque no tenían fundamento. ¿Dónde debemos echar raíces? Encontramos la respuesta en Efesios 3:16–18: Debemos estar arraigados y cimentados en el amor. Nuestro amor por Dios es nuestro fundamento.

Jesús dijo: "Nadie tiene mayor amor que este, que uno ponga su vida por sus amigos" (Juan 15:13). No podemos entregar nuestra vida por alguien en quien no confiamos. No podemos entregarle nuestra vida a Dios a menos que lo conozcamos lo suficiente como para confiar en Él. Debemos conocer y comprender la naturaleza y el carácter de Dios. Debemos tener la seguridad de que Él nunca haría nada que nos dañara.

Él siempre busca lo que sabe que es mejor para nuestra vida. Lo que puede parecer una desilusión para nosotros siempre terminará bien si no perdemos la fe. Dios es amor; no hay egoísmo ni maldad en Él. Es Satanás el que quiere destruirnos.

Muchas veces observamos las situaciones de nuestra vida a través de lentes para corta distancia. Esto distorsiona la verdadera imagen. Dios siempre ve el aspecto eterno de lo que estamos viviendo. Si vemos las situaciones desde nuestro limitado punto de vista, pueden suceder dos cosas.

Primero, en medio del proceso de purificación al que Dios nos somete, podemos ser presa fácil de la ofensa, ya sea con Dios o alguno de sus siervos. Segundo, el enemigo puede engañarnos fácilmente. Satanás utilizará algo que en ese momento parece correcto, pero su plan es al final usarlo para destruirnos o matarnos. Cuando estamos firmes en nuestra confianza en Dios, nada puede movemos del cuidado del Padre. No sucumbiremos a la tentación de cuidarnos nosotros mismos.

DEPENDER DEL CARÁCTER DE DIOS

Una forma en que el enemigo intenta apartarnos de la confianza en Dios es pervirtiendo el modo en que percibimos el carácter divino. Ya lo hizo en el huerto del Edén, cuando le preguntó a Eva: "¿Conque Dios os ha dicho: No comáis de todo árbol del huerto?" (Génesis 3:1, énfasis añadido). Él cambió el mandamiento de Dios para poder atacarlo y distorsionar su carácter.

Dios había dicho: "De todo árbol del huerto podrás comer; mas del árbol de la ciencia del bien y del mal no comerás; porque el día que de él comieres, ciertamente morirás" (Génesis 2:16, 17, énfasis añadido).

Básicamente, la serpiente estaba diciendo: "Dios está negándote todo lo que es bueno para ti". No obstante, el énfasis de Dios era: "Puedes comer de todo, excepto…" El Señor le había dado a la humanidad todo el huerto para disfrutarlo y todas las frutas para comerlas, con excepción de una sola.

La serpiente estaba distorsionando la forma en que la mujer veía a Dios, diciéndole: "En realidad, Dios no se interesa por ti. ¿Qué es lo bueno que Él te está negando? Seguramente no te ama tanto como tú pensabas. ¡No debe de ser un buen Dios!". La mujer fue engañada y creyó la mentira sobre el carácter divino. El deseo de pecar surgió porque la Palabra de Dios ya no significaba amor, sino ley. Y "el poder del pecado, [es] la ley" (1 Corintios 15:56).

El enemigo opera todavía de la misma forma hoy. Pervierte el carácter de Dios Padre a los ojos de sus hijos. Todos hemos tenido autoridades sobre nosotros tales como padres, maestros, jefes o gobernantes que han sido egoístas y faltos de amor. Dado que son figuras de autoridad, es fácil proyectar su naturaleza sobre el carácter de Dios, ya que Él es la autoridad suprema.

El enemigo ha distorsionado magistralmente el carácter del Padre pervirtiendo nuestra visión de los padres terrenales. Dios dice que, antes de que Jesús regrese, los corazones de los padres se volverán a sus hijos (Malaquías 4:6). Su carácter o naturaleza será visto en sus líderes, lo cual será un canal de sanidad para muchos.

Cuando sabemos que Dios jamás haría algo para dañarnos o destruirnos, y que todo lo que hace o no hace en nuestras vidas es lo mejor para nosotros, nos entregamos totalmente a Él. Entonces entregamos con gozo nuestra vida por el Maestro.

Si nos hemos entregado por completo a Jesús y estamos bajo su cuidado, no podemos ofendernos, porque no somos nuestros. Los que se sienten heridos o decepcionados son los que han venido a Jesús por lo que puede hacer por ellos, no por quién es Él.

Cuando tenemos esa actitud, nos desilusionamos con facilidad. El hecho de estar centrados en nosotros mismos hace que tengamos una vista muy corta. No podemos ver las circunstancias inmediatas con los ojos de la fe. Cuando nuestra vida está verdaderamente perdida en Cristo, conocemos su carácter y compartimos su gozo. Nada puede sacudirnos ni hundirnos.

Es fácil ofendernos cuando juzgamos basándonos en lo que nos rodea y nuestras circunstancias naturales. Esto no es ver con los ojos del Espíritu. Con frecuencia Dios no me contesta de la forma ni en el lapso de tiempo que creo que es absolutamente necesario. Sin embargo, cuando miro atrás, cada vez puedo comprender y reconocer su sabiduría.

Algunas veces nuestros hijos no comprenden nuestros métodos ni la lógica que esconde el proceso de formación que tenemos para ellos. Tratamos de darles explicaciones a nuestros hijos mayores para que puedan beneficiarse con esa sabiduría. No obstante, algunas veces no comprenden ni están de acuerdo porque son inmaduros aún; más tarde entenderán. O quizá nuestro motivo sea probar su obediencia, su amor, su madurez. Lo mismo sucede con nuestro Padre que está en los cielos. En estas situaciones, la fe dice: "Confío en ti aunque no comprendo".

En Hebreos 11:35–39 encontramos una referencia a aquellos que nunca vieron el cumplimiento de las promesas que Dios les hiciera y sin embargo nunca flaquearon: "Otros fueron atormentados, no aceptando el rescate, a fin de obtener mejor resurrección. Otros experimentaron vituperios y azotes, y a más de esto prisiones y cárceles. Fueron apedreados, aserrados, puestos a prueba, muertos a filo de espada; anduvieron de acá para allá cubiertos de pieles de ovejas y de cabras, pobres, angustiados, maltratados; de los cuales el mundo no era digno; errando por los desiertos, por los montes, por las cuevas y por las cavernas de la tierra. Y todos éstos, aunque alcanzaron buen testimonio mediante la fe, no recibieron lo prometido" (énfasis añadido).

Ellos habían decidido que Dios era lo único que deseaban, sin importar cuál fuera el costo. Creyeron en Él aun cuando murieron sin ver el cumplimiento de las promesas. ¡Nada podía ofenderlos!

Estamos arraigados y cimentados cuando tenemos este intenso amor y esta sólida confianza en Dios. Ninguna tormenta, por fuerte que sea, puede conmovernos. Esto no proviene de una fuerza de voluntad o una personalidad firme. Es un don de gracia dado a todos aquellos que ponen su confianza en Dios y se despojan de la confianza en sí mismos. Sin embargo, para entregarnos con total abandono debemos conocer a aquel que tiene nuestras vidas en sus manos.

DIOS DA GRACIA A LOS HUMILDES

Simón Pedro ya no podía jactarse de ser grande. Había perdido su confianza natural. Veía con toda claridad la futilidad de su tremenda fuerza de voluntad. Había sido humillado. Ahora era un candidato perfecto para la gracia de Dios. Dios da gracia a los humildes. La humildad es el requisito previo. Esta era una lección que estaba marcada a fuego en la consciencia de Pedro cuando la escribió en su epístola: "Dios resiste a los soberbios, y da gracia a los humildes" (1 Pedro 5:5).

Pedro había sido zarandeado casi hasta el punto de caer. Sabemos esto por el mensaje que el ángel del Señor le dio a María Magdalena en la tumba: "Pero id, decid a sus discípulos, y a Pedro, que él va delante de vosotros a Galilea; allí le veréis, como os dijo" (Marcos 16:7, énfasis añadido). El ángel tuvo que señalarlo de una forma especial. Pedro estaba a punto de naufragar, pero continuaba teniendo su fundamento en Dios. No sería removido por esa sacudida; saldría fortalecido.

Jesús no sólo perdonó a Pedro, sino que lo restauró. Ahora que había sido zarandeado estaba listo para convertirse en una de las figuras centrales de la iglesia. Predicó valerosamente la resurrección de Cristo ante los mismos responsables de su crucifixión. Enfrentó al concilio, no a una joven criada. Permaneció de pie ante ellos con gran autoridad y valentía.

La historia nos dice que Pedro fue crucificado cabeza abajo luego de muchos años de fiel servicio.[2] Él insistió en que era indigno de morir de la misma forma que su Señor, por lo que lo colocaron cabeza abajo. Ya no tenía temor. Era una piedra edificada sobre el sólido fundamento de la Roca.

Las pruebas de la vida dejan al descubierto lo que tenemos en el corazón, ya sea una ofensa con Dios u otras personas. Ellas pueden hacernos más fuertes o amargar nuestra relación con Dios y nuestros pares. Si pasamos la prueba, nuestras raíces se hundirán más profundamente, estabilizándonos y consolidando nuestro futuro. Si fallamos, nos ofendemos, lo cual puede llevar a que la amargura nos contamine.

SEÑOR, YO TE HE SERVIDO, ¿POR QUÉ ENTONCES...?

Cuando yo era pastor, en el grupo juvenil había un jovencito de catorce años muy vivaz y respetado por sus amigos y líderes. Era un buen alumno y excelente deportista. Celoso de las cosas de Dios, el joven servía con fidelidad y se ofrecía como voluntario para cualquier proyecto. Hizo un viaje misionero con nosotros, testificándoles prácticamente a todas las personas que encontró.

En un momento de su vida llegó a pasar cuatro horas diarias en oración. Escuchaba muchas cosas del Señor y las compartía con los demás. Lo que compartía siempre era de bendición. Reconocía que tenía el llamado al ministerio y deseaba ser pastor, aunque aún no había cumplido veinte años. Parecía ser una roca inamovible.

Amaba a este joven, reconocía el llamado de Dios en su vida e invertía tiempo en él. Sólo tenía una preocupación: el muchacho parecía tener demasiada confianza en sí mismo. Deseaba decirle algo, pero nunca tenía la oportunidad. Sabía que se produciría un cambio. Él soportó algunas tormentas y aun así permaneció firme. Algunas veces me cuestionaba mi razonamiento cuando lo veía resistir serias pruebas.

Pasaron algunos años. Él se mudó y yo comencé a viajar con frecuencia. Sin embargo, me mantenía en contacto con él. Sabía que pasaría por un proceso de quebrantamiento. Era algo que debía suceder. No sabía qué sería, pero comprendía que era necesario para él a fin de que pudiera cumplir con su destino. Sería un proceso similar al de Simón Pedro.

Cuando el joven cumplió los dieciocho años, su padre contrajo un cáncer incurable. Él y su madre oraron y ayunaron, creyendo que este hombre sería sanado. Otros hermanos los acompañaron. El padre del muchacho había entregado su vida al señorío de Cristo unos pocos meses antes.

La salud de su padre empeoró. Me encontraba ministrando en otra ciudad, en Alabama, cuando mi esposa me llamó, urgiéndome a que llamara por teléfono a este joven. Me comuniqué con él y supe que necesitaba a alguien que lo apoyara.

Después de mi última reunión en Alabama, conduje mi auto toda la noche y llegué a su casa a las cuatro de la madrugada. La salud de su padre estaba tan deteriorada que los médicos sólo le daban pocos días de vida. Ni siquiera podía comunicarse.

Este joven confiaba en que su padre se sanaría por completo. Le ministré a la familia y me fui varias horas después. A la mañana siguiente recibimos un llamado diciendo que las cosas estaban peor.

Lisa y yo oramos de inmediato. Mientras lo hacíamos, el Señor le dio a mi esposa una visión de Jesús, de pie junto a la cama de este hombre, listo para llevárselo con Él. Treinta minutos después el joven llamó y nos dijo que su padre había fallecido. Parecía el mismo joven fuerte de siempre. No obstante, este era sólo el comienzo.

Esa noche él llamó a algunos de sus amigos más cercanos para contarles que su padre había muerto. Cuando ellos contestaron el teléfono, estaban llorando. El joven se preguntaba cómo se habían enterado de la muerte de su padre. Sin embargo, no lo sabían. Estaban llorando porque uno de sus mejores amigos había muerto en un accidente. En un mismo día, este muchacho perdió a su padre y a un amigo muy cercano.

Había comenzado el zarandeo. El joven se sentía frustrado, sorprendido, incapaz de reaccionar. La presencia de Dios parecía eludirlo.

Un mes después, cuando iba a su casa en el auto, este muchacho pasó por un lugar en el que acababa de producirse un accidente. Se detuvo, ya que había recibido entrenamiento para primeros auxilios y podía ayudar. Los ocupantes de ambos autos eran amigos suyos. Dos de ellos murieron en sus brazos mientras él intentaba ayudarlos.

Mi joven amigo había alcanzado su límite. Pasó tres horas en el bosque, orando y clamando a Dios: "¿Dónde estás? ¡Dijiste que serías mi Consolador, pero no tengo consuelo!".

Parecía que Dios le hubiera dado la espalda. No obstante, esta era en realidad la primera vez que sus propias fuerzas le fallaban.

Se enojó con Dios. ¿Por qué había permitido esto? No estaba molesto conmigo, ni con su familia, ni con su pastor. Estaba ofendido con Dios. Estaba consumido por la frustración. Dios le había fallado cuando más lo necesitaba.

"Señor, te he servido y he dejado muchas cosas por seguirte", oraba. "Ahora tú me abandonas". Él creía que Dios le debía algo por todo lo que había entregado para seguirle.

Muchas personas han experimentado dolores y decepciones menos extremas, mientras que algunos han soportado otras enormes. Muchos se ofenden con el Señor. Creen que debería tomar en cuenta todo lo que han hecho por Él.

Están sirviendo al Señor por razones equivocadas. No debemos servir al Señor por lo que puede hacer, sino por lo que Él es y lo que ya ha hecho por nosotros. Las personas que se ofenden no comprenden cuán grande es la deuda que el Señor ya ha pagado para que ellos puedan ser libres. Han olvidado de qué clase de muerte han sido liberados. Ven con sus ojos naturales, no con los eternos.

Este joven dejó de ir a la iglesia y comenzó a juntarse con malas compañías, frecuentando bares y fiestas. En su frustración, no deseaba tener nada que ver con las cosas del Señor. Quería evitar todo contacto con Dios.

No pudo mantener este estilo de vida más de dos semanas, ya que sintió una profunda convicción en su corazón. Sin embargo, continuó negándose a acercarse al Señor durante seis meses. Incluso entonces, los cielos parecían mudos. No podía encontrar la presencia del Señor en ninguna parte.

Pasó más de un año. A través de varios incidentes el joven vio que Dios continuaba obrando en su vida. Se aproximó a Dios, pero esta vez lo hizo de forma diferente. Lo hizo con humildad. Cuando su tiempo de prueba terminó, Dios le mostró que nunca lo había abandonado. Su andar espiritual fue restaurado y aprendió a poner su confianza en la gracia de Dios, no en sus propias fuerzas.

Me mantuve en contacto con él. Un año y medio después me contó cosas que había visto en sí mismo que ni siquiera sabía que estaban allí. "Yo era un hombre sin carácter; mis relaciones eran todas superficiales. Fui criado por mi padre para ser fuerte exteriormente, un hombre que 'se hace solo'". Jamás podría haber crecido en la manera que Dios quería que lo hiciera. Le agradezco al Señor que no me dejó en esas condiciones.

"No obstante, lo que más hirió mi corazón fue andar por los bares, bebiendo. Fue como darle la espalda al Espíritu Santo. Lo amo mucho. Mi comunión con Él jamás ha sido tan dulce como ahora".

En su vida había sufrido muchas sacudidas. La confianza en sí mismo desapareció. No obstante, este joven tenía el mismo fundamento que Simón Pedro, y era algo que nadie podía quitarle. En lugar de edificar su vida y su ministerio por medio del orgullo, ahora está construyéndolo por medio de la gracia de Dios.

Las ofensas revelan las flaquezas y debilidades de nuestra vida. Muchas veces el punto que creemos fuerte es aquel en el que hay una debilidad escondida. Esta permanecerá oculta hasta que alguna fuerte tormenta haga salir volando aquello que la cubre. El apóstol Pablo escribió: "Porque nosotros somos la circuncisión, los que en espíritu servimos a Dios y nos gloriamos en Cristo Jesús, no teniendo confianza en la carne" (Filipenses 3:3, énfasis añadido).

No podemos hacer nada de valor eterno con nuestra propia capacidad. Es fácil decirlo, pero otra cosa es que esa verdad esté profundamente arraigada en nuestro ser.

JESÚS NO PUSO EN PELIGRO LA VERDAD PARA EVITAR QUE LAS PERSONAS SE OFENDIERAN.

Su libro La trampa de Satanás en realidad abrió mis ojos. Mi esposo y yo trabajamos en el ministerio, y tenía la impresión de que mi relación con el Señor marchaba muy bien. La trampa de Satanás me mostró que los quince años vividos guardándole rencor a mi tía pudieron costarme todo. Como cristianos, siempre se nos ha enseñado a perdonar, pero en realidad nunca había tomado eso en serio hasta que su mensaje hizo que me enfrentara a esta herida de mi pasado.

—R. M., TENNESSEE

9

LA ROCA QUE HACE CAER

> He aquí, pongo en Sion la principal piedra del ángulo,
> escogida, preciosa; Y el que creyere en él, no será
> avergonzado. Para vosotros, pues, los que creéis, él
> es precioso; pero para los que no creen, La piedra
> que los edificadores desecharon, Ha venido a ser la
> cabeza del ángulo; y: Piedra de tropiezo, y roca que
> hace caer, porque tropiezan en la palabra, siendo
> desobedientes; a lo cual fueron también destinados.
> —1 PEDRO 2:6–8

Hoy, el significado de la palabra creer se ha debilitado. Para la mayoría de las personas se ha convertido en el mero reconocimiento de un hecho. Para muchos, nada tiene que ver con la obediencia. Sin embargo, en el pasaje que transcribimos arriba, las palabras creer y desobedientes son presentadas como opuestos.

Las Escrituras nos exhortan a que "todo aquel que en él [Jesús] cree, no se pierda, mas tenga vida eterna" (Juan 3:16). Como consecuencia de la forma en que hoy consideramos la palabra creer, muchos piensan que lo único que se requiere de ellos es que crean que Jesús existió y murió en el Calvario, y de esa forma estarán en buena relación con Dios. Si este fuera el único requisito, los demonios estarían de igual modo en una buena relación con Él. La Biblia dice: "Tú crees que Dios es uno; bien haces. También los demonios creen, y tiemblan" (Santiago 2:19, énfasis añadido). No hay salvación para ellos.

La palabra creer significa en las Escrituras algo más que simplemente reconocer la existencia de un hecho o aceptarlo mentalmente. Si somos fieles al contexto del versículo citado, podemos decir que el elemento principal de creer es la obediencia. Podríamos leer este versículo de la siguiente manera: "Para vosotros, pues, los que obedecéis, él es precioso; pero para los que son desobedientes, La piedra que los edificadores desecharon, Ha venido a ser la cabeza del ángulo; y: Piedra de tropiezo, y roca que hace caer".

No es difícil obedecer cuando conocemos el carácter y el amor de la persona a la que nos sometemos. El amor es el punto básico de nuestra relación con el Señor. No el amor a los principios o las enseñanzas, sino el amor a la persona de Jesucristo. Si ese amor no está firmemente asentado en su lugar, somos susceptibles a tropezar y sentirnos ofendidos.

Los israelitas, a quien el Señor llamó a ser edificadores, rechazaron a la piedra angular de Dios: Jesús. Amaban sus propias enseñanzas del Antiguo Testamento. Estaban satisfechos con sus interpretaciones, ya que podían ser utilizadas para su propio beneficio y controlar a los demás. Por otra parte, Jesús desafiaba todos los legalismos que para ellos eran tan importantes. Él los exhortó: "Escudriñad las Escrituras; porque a vosotros os parece que en ellas tenéis la vida eterna; y ellas son las que dan testimonio de mí" (Juan 5:39).

Ellos no podían imaginar que desde el principio Dios había deseado hijos e hijas con los cuales poder relacionarse. Deseaban gobernar y reinar. A sus ojos, la ley había cobrado mayor importancia que la relación. Rechazaban lo que se les daba gratuitamente. Hubieran preferido ganarlo. Por eso, el don gratuito de Dios, Jesucristo, su esperanza de vida y salvación, se convirtió en una "piedra de tropiezo, y roca que hace caer" para ellos.

Simeón profetizó cuando tomó en sus brazos al niño Jesús en el templo: "He aquí, éste está puesto para caída y para levantamiento de muchos en Israel" (Lucas 2:34). Notemos el tema de la caída y el levantamiento. El que fue dado para traer paz al mundo acabó trayendo una espada de división para aquellos a quienes fue enviado (Mateo 10:34) y vida a los que eran víctimas de los edificadores (los ministros de esa época).

JESÚS Y LAS OFENSAS

En la Escuela Dominical, muchas veces se representaba a Jesús como el pastor que cargaba en sus hombros a la oveja perdida de regreso al rebaño. O quizá estaba rodeando con sus brazos a los niños mientras los bendecía o sonreía diciendo: "Te amo". Estas figuras son reales, pero no nos dan la imagen completa.

Este mismo Jesús denunció a los fariseos que se justificaban a sí mismos: "¡Serpientes, generación de víboras! ¿Cómo escapáis de la condenación del infierno?" (Mateo 23:33). Él volcó las mesas de los cambistas en el templo y los echó fuera de allí (Juan 2:13–22). Y le dijo al hombre que deseaba enterrar a su padre antes de seguirle: "Deja que los muertos entierren a sus muertos; y tú ve, y anuncia el reino de Dios" (Lucas 9:59, 60). Y la lista no termina aquí.

Si observamos de cerca el ministerio de Jesús, veremos a un Hombre que ofendió a muchos mientras ministraba. Veamos algunos ejemplos.

Jesús ofendió a los fariseos.

En muchas ocasiones, Jesús confrontó y ofendió a estos líderes. Ellos lo enviaron a la cruz porque los había ofendido. Lo odiaban.

No obstante, Jesús los amaba lo suficiente como para decirles la verdad: "Hipócritas, bien profetizó de vosotros Isaías, cuando dijo: Este pueblo de labios me honra; mas su corazón está lejos de mí. Pues en vano me honran" (Mateo 15:7–9). Estas palabras los ofendieron.

Observemos lo que sus discípulos le preguntaron a Jesús inmediatamente después:

> Entonces acercándose sus discípulos, le dijeron: ¿Sabes que los fariseos se ofendieron cuando oyeron esta palabra?
>
> —MATEO 15:12, ÉNFASIS AÑADIDO

Estudiemos su respuesta:

> Toda planta que no plantó mi Padre celestial, será desarraigada. Dejadlos; son ciegos guías de ciegos; y si el ciego guiare al ciego, ambos caerán en el hoyo.
>
> —MATEO 15:13–14

Jesús mostró que en realidad las ofensas desarraigarían a quienes no han sido verdaderamente plantados por su Padre. Algunas personas se unen a una iglesia o un grupo ministerial, pero no han sido enviadas por Dios o no son de Dios. La ofensa que se produce cuando se predica la verdad revela sus verdaderos motivos y las hace desarraigarse.

Al visitar otras iglesias he sido testigo de muchos casos en que los pastores se lamentan por las personas que se han ido, ya sea del equipo o la congregación. En la mayoría de los casos, ellas se molestaron porque se predicó la verdad, lo cual las hizo confrontarse con sus estilos de vida. Entonces comenzaron a criticar todos los aspectos de la iglesia y finalmente se fueron.

Si los pastores desean retener a todos los que atraviesan las puertas de la iglesia, finalmente tendrán que poner en peligro la verdad. "Si predicas la verdad," les digo, "ofenderás a las personas, y algunas se desarraigarán y se irán. No te lamentes por ellas, sino continúa alimentando y nutriendo a las que Dios te ha enviado".

Algunos líderes evitan la confrontación, temerosos de perder a la gente. Algunos dudan en especial cuando tienen que confrontar a los que aportan mucho dinero a la iglesia o tienen influencia en la congregación o la comunidad. Otros temen herir los sentimientos de alguien que quizá ha estado con ellos durante mucho tiempo. Como consecuencia, estos pastores pierden la autoridad dada por Dios para proteger y alimentar a las ovejas que les han sido confiadas.

Cuando entré por primera vez al pastorado, un hombre sabio me advirtió: "No pierdas tu autoridad, u otro te la quitará y la usará en tu contra".

Samuel era un hombre de Dios que no puso en peligro la verdad por nadie, ni siquiera por el rey. Cuando Saúl desobedeció a Dios, el Señor le dijo a Samuel que lo confrontara. Y él lo hizo. Lamentablemente, Saúl no respondió a la palabra del Señor con un verdadero arrepentimiento. Se sentía más preocupado por lo que los demás pensarían de él. Cuando Samuel estaba por irse, Saúl se aferró a su manto y rasgó un trozo de él. Samuel lo dejó destrozado con estas palabras: "Jehová ha rasgado hoy de ti el reino de Israel, y lo ha dado a un prójimo tuyo mejor que tú" (1 Samuel 15:28).

Esto no era lo que Samuel deseaba para Saúl. Estaba dolido por él. Lo había ungido como rey, lo preparó para gobernar y dirigió su coronación. Era su amigo personal. Sin embargo, veamos cómo reaccionó Dios ante el dolor de Samuel por Saúl: "¿Hasta cuándo llorarás a Saúl, habiéndolo yo desechado para que no reine sobre Israel? Llena tu cuerno de aceite, y ven, te enviaré" (1 Samuel 16:1, énfasis añadido).

Dios le estaba diciendo a Samuel que debía comprender que el amor y el juicio de Dios son perfectos, y así podría continuar bajo la unción con un aceite fresco. Si Samuel volvía a Saúl una vez que Dios lo rechazara, no tendría aceite fresco. Si continuaba lamentándose, no llegaría a ninguna parte.

Los pastores que se lamentan y sufren por las personas que dejan la iglesia, o que se niegan a confrontar a los miembros porque son sus amigos, terminan viendo cómo el aceite de la unción en sus vidas se seca. Algunos ministerios mueren, y otros simplemente simulan estar vivos. Sin saberlo, han preferido su relación con los hombres por encima de su relación con Dios.

La Biblia no registra instancia alguna en que Jesús haya reaccionado ante el hecho de que algunos de sus seguidores lo abandonaron. Su único deleite estaba en hacer la voluntad del Padre. Y al hacerlo, beneficiaría a mayor cantidad de personas.

Nunca olvidaré aquella vez que estaba predicando en una iglesia denominacional llena del Espíritu Santo. Habíamos estado ministrando en diferentes iglesias durante casi un año. El primer domingo por la mañana, prediqué un sencillo mensaje que hablaba del arrepentimiento y de regresar al primer amor. Podía sentir que había resistencia, pero sabía que era el mensaje que debía predicar.

Después del culto, el pastor me dijo: "Dios me ha mostrado lo que usted predicó esta mañana, pero no creí que mi gente estuviera lista para eso".

Mi esposa sintió que el Espíritu Santo la impulsaba a preguntarle: "¿Quién es el pastor de la iglesia, usted o Jesús?".

El pastor dejó caer su cabeza. "Es exactamente lo que el Señor me dijo hace un mes. Me dijo que él sabía lo que ellos podían recibir". Nos contó que una tercera parte de su iglesia eran personas de "la vieja guardia", que no deseaban ningún cambio en el orden de culto, la música o la predicación. Nosotros lo animamos a ser valiente y obedecer al Señor.

Tuvimos cuatro reuniones más en la iglesia; cada una más difícil que la anterior. Cuando salimos de la ciudad, sentí como si tuviera una bolsa de arena en el estómago. No entendía qué sucedía. Cada vez se hacía más pesada y desagradable. Por lo general, cuando salgo de una iglesia, siento gran gozo en mi corazón. No entendía qué era lo que andaba mal.

Cuando finalmente estuve a solas con el Señor, le pregunté: "Padre, ¿qué fue lo que hice mal? ¿Por qué tengo esta pesada carga en mi espíritu? ¿Acaso usurpé la autoridad del pastor?".

Él me dijo simplemente: "Sacude el polvo de tus pies" (ver Lucas 9:5).

Me conmocionó escucharle decir eso. Seguí orando y preguntándole, sólo para escuchar como respuesta las mismas palabras: "Sacude el polvo de tus pies".

Por último, obedecí. Mientras terminaba de sacudir la suela de mis zapatos, el peso desapareció y el gozo inundó mi corazón. Nuevamente, dije sorprendido: "Señor, ellos no me atacaron ni me echaron de la ciudad. ¿Por qué?".

Él me mostró que los líderes y muchas de las personas del pueblo habían rechazado la palabra que tenía para ellos.

"Dales más tiempo, Señor", le pedí.

"No cambiarían aunque les diera cincuenta años más. Ya han endurecido sus corazones".

Supe que este líder había elegido mantener la paz comprometiendo la verdad en lugar de obedecer a Dios. Su cuerno no estaba lleno de aceite fresco. Tenía la forma sin la sustancia. En otras palabras, aparentaba estar lleno del Espíritu, pero no contaba con el poder ni la presencia de Dios. Luego supe que había renunciado como pastor y que la iglesia es ahora sólo una fracción de lo que era.

Jesús no se dejaba controlar por los demás. Él decía la verdad, aunque esto implicara una confrontación o finalmente una ofensa. Si deseamos la aprobación de los hombres, la unción de Dios no puede caer sobre nosotros. Debemos proponernos en nuestro corazón hablar la Palabra de Dios y hacer su voluntad aun cuando esto ofenda a otras personas.

Jesús ofendió a la gente de su ciudad.

Jesús había llegado a su ciudad para ministrar. Sin embargo, no pudo darles la libertad y la sanidad que les había dado a tantos otros. Veamos lo que dijeron allí:

> ¿No es éste el hijo del carpintero? ¿No se llama su madre María, y sus hermanos, Jacobo, José, Simón y Judas? ¿No están todas sus hermanas con nosotros? ¿De dónde, pues, tiene éste todas estas cosas? Y se escandalizaban de él. Pero Jesús les dijo: No hay profeta sin honra, sino en su propia tierra y en su casa.
>
> —MATEO 13:55–57, ÉNFASIS AÑADIDO

Imagínese a estos hombres y mujeres de Nazaret diciendo: "¿Quién se cree éste que es para enseñarnos con autoridad? Nosotros sabemos quién es. Creció aquí. Somos mayores que Él. Pero si no es más que el hijo del carpintero…No ha tenido ninguna capacitación formal".

Una vez más, Jesús no puso en peligro la verdad para evitar que ellos se ofendieran. Los de la ciudad estaba tan molestos que intentaron matarlo echándolo por un barranco (Lucas 4:28–30). Aun cuando su vida estaba en peligro, Él continuó diciendo la verdad. ¡Cómo necesitamos hombres y mujeres así en el día de hoy!

Jesús ofendió a los miembros de su propia familia.

Aun los de su propia casa se ofendieron con Él. No les agradaba la presión que recaía sobre ellos debido a las cosas que hacía. Les resultaba difícil creer que se comportara de se modo. Veamos:

> Cuando lo oyeron los suyos, vinieron para prenderle; porque decían: Está fuera de sí […] Vienen después sus hermanos y su madre, y quedándose afuera, enviaron a llamarle. Y la gente que estaba sentada alrededor de él le dijo: Tu madre

y tus hermanos están afuera, y te buscan. Él les respondió diciendo: ¿Quién es mi madre y mis hermanos? Y mirando a los que estaban sentados alrededor de él, dijo: He aquí mi madre y mis hermanos. Porque todo aquel que hace la voluntad de Dios, ése es mi hermano, y mi hermana, y mi madre.

—MARCOS 3:21, 31–35

Su propia familia pensaba que Jesús estaba loco. Observemos que la Biblia dice que estaban dispuestos a tomarlo bajo custodia. Marcos identifica a esos familiares como la propia madre y los hermanos de Jesús, que luego lo encontraron predicando en la casa de otra persona. El Evangelio de Juan dice: "Ni aun sus hermanos creían en él" (Juan 7:5).

Muchos no han comprendido que Jesús fue rechazado por aquellos que le eran más cercanos. Sin embargo, Él no buscaba la aceptación de su familia. No podía ser controlado por los deseos de las personas. Él cumpliría el plan del Padre, contara o no con la aprobación de los demás.

He visto a muchos, especialmente parejas casadas, que no siguen a Jesús por miedo a ofender a su cónyuge o a los miembros de su familia. Como consecuencia de ello, se apartan o nunca llegan a alcanzar el potencial pleno de su llamado.

Cuando nací de nuevo, todos los miembros de mi familia eran católicos y no compartían mi entusiasmo por la fe que había hallado. Mi madre, en particular, estaba muy molesta por mi decisión de dejar la iglesia en la que me había criado. Ellos son preciosos católicos que aman a Dios, pero yo sabía que Dios me estaba llamando fuera de allí.

Un segundo golpe fuerte fue cuando anuncié mi decisión de entrar al ministerio. Acababa de graduarme como ingeniero mecánico en la Universidad Purdue, y mis padres tenían grandes esperanzas para mí. Yo sabía lo que el Señor deseaba, y sabía que ofendería a los que estaban más cerca de mí. Durante varios años fue una situación muy incómoda. Hubo muchos malentendidos. No obstante, había decidido que por más que se molestaran conmigo, seguiría a Jesús.

Al principio traté de atosigarlos con el evangelio. Les dije que no eran salvos sólo por asistir a misa. Los llevé al límite. Sin embargo, no era sabio hacer eso. Luego Dios me indicó que viviera la vida cristiana frente a ellos y permitiera que vieran mis buenas obras. Aun así, no cedí ante ellos a fin de complacerlos.

Hoy mis padres me apoyan mucho, y mi abuelo, quien más batalló conmigo, fue gloriosamente salvo a la edad de ochenta y nueve años, dos antes de su muerte.

La madre y los hermanos de Jesús quizá creyeron que estaba loco. No obstante, debido a que Jesús obedeció al Padre, finalmente todos fueron salvos y estuvieron en el Aposento Alto el día de Pentecostés. Santiago, su medio hermano, se convirtió en el apóstol líder de la iglesia de Jerusalén.

Si comprometemos lo que Dios nos dice para complacer a nuestros familiares, perderemos el aceite fresco de la unción en nuestras vidas y seremos un obstáculo para que ellos sean libres.

Jesús ofendió a sus propios colaboradores.

En un capítulo anterior hablamos en detalle del punto de vista de los discípulos cuando Jesús los ofendió. Analicémonos de nuevo, esta vez desde la perspectiva de Jesús.

Al oírlas, muchos de sus discípulos dijeron: Dura es esta palabra; ¿quién la puede oír? Sabiendo Jesús en sí mismo que sus discípulos murmuraban de esto, les dijo: ¿Esto os ofende? [...] Desde entonces muchos de sus discípulos volvieron atrás, y ya no andaban con él.

—JUAN 6:60–61, 66, ÉNFASIS AÑADIDO

Ya las cosas estaban bastante mal como estaban. Los líderes religiosos planeaban su muerte. La gente de la ciudad donde había crecido lo rechazaba. Su familia pensaba que estaba loco. Para agregar más presión, muchos de sus propios colaboradores lo abandonaron ofendidos. Sin embargo, aun así, Jesús no cedió. Simplemente les dijo a los que quedaban que eran libres de irse si así lo deseaban.

Lo único que le importaba era cumplir el plan del Padre. Él no habría cambiado su actitud aunque todos lo hubieran dejado solo aquel día. Estaba decidido a obedecer a su Padre.

Jesús ofendió a algunos de sus amigos más cercanos.

> Estaba entonces enfermo uno llamado Lázaro, de Betania, la aldea de María y de Marta su hermana. (María, cuyo hermano Lázaro estaba enfermo, fue la que ungió al Señor con perfume, y le enjugó los pies con sus cabellos.) Enviaron, pues, las hermanas para decir a Jesús: Señor, he aquí el que amas está enfermo.
>
> —JUAN 11:1-3

Jesús amaba a Marta, a María y a Lázaro. Eran muy amigos. Él solía pasar tiempo con ellos. Observemos su respuesta cuando le dieron la noticia de que Lázaro estaba enfermo:

> Cuando oyó, pues, que estaba enfermo, se quedó dos días más en el lugar donde estaba.
>
> —JUAN 11:6

Jesús sabía, por revelación, que la enfermedad de Lázaro terminaría en muerte. Era algo muy serio. Con todo, se quedó donde estaba dos días más. Cuando finalmente llegó a Betania, Lázaro ya estaba muerto.

Tanto Marta como María le dijeron: "Señor, si hubieses estado aquí, mi hermano no habría muerto" (Juan 11:21, 32). En otras palabras: "¿Por qué no viniste de inmediato? ¡Podrías haberlo salvado!".

Lo más probable es que ambas hermanas estuvieran algo ofendidas. Enviaron a un mensajero para darle la noticia, pero Él retrasó su llegada dos días. Jesús no respondió como ellas lo esperaban. No dejó todo lo que estaba haciendo; en cambio, siguió la guía del Espíritu Santo. Esto era lo mejor para todos. No obstante, en ese momento parecía como si Jesús se mostrara apático, como si no le importara la situación.

Muchas veces los ministros son controlados por su congregación. Creen que tienen que hacer todo lo que la gente les pide.

Un miembro de la junta de una iglesia llena del Espíritu Santo que había perdido su pastor me dijo cierta vez: "Queremos un pastor que satisfaga nuestras necesidades, que venga a mi casa a las ocho de la mañana y se tome un café conmigo".

Yo pensé: Lo que ustedes desean es una compañía social, alguien que puedan controlar, no alguien a quien el Espíritu de Dios controle. Luego supe que esta iglesia había cambiado de pastor cuatro veces en un año.

Cuando yo era pastor de jóvenes, un jovencito vino a verme cuando ya hacía seis meses que era su líder. "¿Quieres ser mi compañero? Mi último pastor de jóvenes era mi compañero", me preguntó.

El pastor de jóvenes que había estado en esa iglesia antes que yo era muy sociable con los jóvenes. Participaban juntos en muchas actividades. Yo sabía lo que este jovencito estaba pidiéndome. Básicamente, era lo mismo que el miembro de aquella iglesia pedía de su pastor.

En mi respuesta a este jovencito cité Mateo 10:41, donde Jesús dice: "El que recibe a un profeta por cuanto es profeta, recompensa de profeta recibirá; y el que recibe a un justo por cuanto es justo, recompensa de justo recibirá".

—Tú tienes muchos compañeros, ¿verdad? —le pregunté.

—Sí —respondió.

—Pero tienes un solo pastor, ¿no es así?

—Sí.

—¿Quieres recompensa de pastor de jóvenes o recompensa de compañero? Porque la forma en que me recibas determina lo que recibirás de Dios —le dije.

Él comprendió lo que yo deseaba decirle.

—Quiero una recompensa de pastor de jóvenes.

Muchos ministros temen que si no cumplen con las expectativas de su congregación, herirán sus sentimientos y perderán su apoyo. Están atrapados por el temor de ofender a los demás. Son controlados por su congregación, no por Dios. Como consecuencia, en sus iglesias o congregaciones se logran muy pocas cosas de valor eterno.

Jesús ofendió a Juan el Bautista.

Aun Juan el Bautista tuvo que enfrentar la tentación de sentirse ofendido con Jesús.

Los discípulos de Juan le dieron las nuevas de todas estas cosas. Y llamó Juan a dos de sus discípulos, y los envió a Jesús, para preguntarle: ¿Eres tú el que había de venir, o esperaremos a otro? Cuando, pues, los hombres vinieron a él, dijeron: Juan el Bautista nos ha enviado a ti, para preguntarte: ¿Eres tú el que había de venir, o esperaremos a otro?

—Lucas 7:18–20

Espere un momento. ¿Por qué le pregunta Juan a Jesús si Él es el que había de venir, el Mesías? Juan fue quien le preparó el camino y anunció su llegada. "El siguiente día vio Juan a Jesús que venía a él, y dijo: He aquí el Cordero de Dios, que quita el pecado del mundo" (Juan 1:29). Él fue el que señaló: "Ése es el que bautiza con el Espíritu Santo" (1:33). Y llegó a afirmar: "Es necesario que él crezca, pero que yo mengüe" (3:30). Juan era la única persona que realmente sabía quién era Jesús en ese momento. (Ese conocimiento aún no le había sido revelado a Pedro.)

¿Por qué, entonces, pregunta si Jesús es el Mesías o debe esperar a otro?

Póngase en su lugar. Usted ha sido el hombre que está en el centro mismo de lo que Dios está haciendo. Multitudes de personas han recibido su ministerio. Tiene el programa evangelístico más comentado en la nación. Ha vivido toda su vida negándose a sí mismo. Ni siquiera se ha casado para aprovechar al máximo su llamado. Ha vivido en el desierto, comiendo langostas y miel silvestre, ayunando con frecuencia. Ha combatido a los fariseos y ha sido acusado de estar poseído por los demonios. Toda su vida la ha pasado preparando el camino para el Mesías que vendría.

Ahora usted está en prisión. Hace ya tiempo que está encerrado. Muy pocas personas van a visitarlo, porque la atención del pueblo que usted preparó está vuelta hacia Jesús de Nazaret. Aun sus propios discípulos se han unido a ese Hombre. Sólo quedan unos pocos que le sirven a usted. Cuando vienen a verlo, le cuentan los relatos de la clase de vida que este hombre y sus seguidores llevan, tan diferente de la suya. Comen y beben con cobradores de impuestos y pecadores. Quebrantan el día de reposo y ni siquiera ayunan.

Usted se pregunta: "Yo vi al Espíritu descender como paloma sobre Él, sin embargo, ¿es este el comportamiento de un Mesías?".

La tentación de sentirse ofendido aumenta mientras mayor es el tiempo que pasa en la prisión. "¡Este hombre al que le he dedicado toda mi vida a fin de prepararle el camino ni siquiera ha venido a visitarme en la cárcel! ¿Cómo puede ser? Si es el Mesías, ¿por qué no me saca de esta prisión? Yo no he hecho nada malo".

Así que usted envía a dos de sus discípulos fieles a preguntarle a Jesús: "¿Eres tú el que habría de venir, o esperaremos a otro?".

Veamos qué le responde Jesús a Juan:

> En esa misma hora sanó a muchos de enfermedades y plagas, y de espíritus malos, y a muchos ciegos les dio la vista. Y respondiendo Jesús, les dijo: Id, haced saber a Juan lo que habéis visto y oído: los ciegos ven, los cojos andan, los leprosos son limpiados, los sordos oyen, los muertos son resucitados, y a los pobres es anunciado el evangelio; y bienaventurado es aquel que no halle tropiezo en mí.
>
> —Lucas 7:21–23, ÉNFASIS AÑADIDO

La respuesta de Jesús es profética. Cita Isaías, un libro que Juan conocía bien. Los pasajes de Isaías 29:18, 35:4–6 y 61:1 se aplican a todo lo que los discípulos de Juan habían observado mientras esperaban para interrogar a Jesús. Ellos fueron testigos de Él como Mesías. Sin embargo, el Señor no termina allí. Él agrega: "Bienaventurado es aquel que no halle tropiezo [motivo de ofensa] en mí".

Jesús estaba diciendo: "Juan, sé que no comprendes todo lo que está sucediendo y la forma en que hago las cosas, pero no te ofendas conmigo porque no obro según lo que esperabas". Estaba instando a Juan a no juzgar según su propia comprensión de lo que Dios había hecho en el pasado y en su propia vida y ministerio. Juan no conocía la imagen completa del plan de Dios, de la misma manera que hoy nosotros no la conocemos. Jesús estaba alentando a Juan, diciéndole: "Has hecho lo que se te ordenó. Tu recompensa será grande. ¡Sólo evita ofenderte por mi causa!"

OFENSA SIN DISCULPA

Aunque conozcamos bien muchas de las formas de obrar de Dios, como Juan, es posible que tengamos la oportunidad de sentirnos ofendidos con Jesús. Si realmente lo amamos y creemos en Él, lucharemos para evitarlo, porque comprendemos que sus caminos son más altos que nuestros caminos.

Además, si obedecemos al Espíritu de Dios, muchas personas se sentirán ofendidas con nosotros. Jesús dijo en Juan 3:8: "El viento sopla de donde quiere, y oyes su sonido; mas ni sabes de dónde viene, ni a dónde va; así es todo aquel que es nacido del Espíritu".

Algunos no nos entenderán cuando sigamos al Espíritu. No permitamos que esta respuesta desagradable nos desvíe de lo que sabemos que es cierto con todo nuestro corazón. No impidamos el fluir del Espíritu Santo por los deseos de los hombres. Pedro lo resume muy bien:

> Puesto que Cristo ha padecido por nosotros en la carne, vosotros también armaos del mismo pensamiento; pues quien ha padecido en la carne, terminó con el pecado, para no vivir el tiempo que resta en la carne, conforme a las concupiscencias [deseos pecaminosos] de los hombres, sino conforme a la voluntad de Dios.
>
> —1 PEDRO 4:1–2

Cuando vivimos según la voluntad de Dios, no satisfaremos los deseos de los hombres. Por consiguiente, sufriremos en la carne. Jesús sufrió la mayor oposición de parte de los líderes religiosos. Las personas religiosas creen que Dios obra solamente dentro de los confines de sus parámetros. Creen que son los únicos que saben cómo actúa Dios. Si el Maestro ofendió a los religiosos porque se dejaba guiar por el Espíritu hace dos mil años, hoy sus seguidores seguramente también los ofenderán.

La persecución del Apóstol Pablo es un buen ejemplo. Algunas personas en Galacia recibieron la noticia errónea de que Pablo había comprometido el evangelio de la cruz apoyando a los líderes religiosos que decían que la circuncisión era necesaria para la salvación. No obstante, Pablo corrigió el error. "Mírenme", les dijo. "Estoy siendo perseguido por todos lados por los líderes religiosos. ¿Me harían esto si yo predicara la circuncisión? El hecho de que la cruz es el único camino para la salvación ofende a algunas personas, pero esa es la verdad, y de ninguna forma predicaré otra cosa" (ver Gálatas 5:11).

Si alguien desafía la verdad del evangelio, es tiempo de ser ofensivo sin disculparse. Debemos decidir en nuestros corazones obedecer al Espíritu de Dios sin importar el costo. Entonces no tendremos que tomar la decisión cuando estemos bajo presión, porque esa decisión ya habrá sido tomada.

JESÚS OFENDIÓ A ALGUNAS PERSONAS POR OBEDECER A SU PADRE, PERO NUNCA CAUSÓ UNA OFENSA POR DEFENDER SUS PROPIOS DERECHOS.

Recientemente leí su libro La trampa de Satanás y solo quería decirle que me ha liberado por completo en un área de mi vida en la cual pensaba que nunca sería libre. ¡Deseo darle las gracias por haber escrito este libro, ya que cambió mi vida para siempre!

—C. R., TENNESSEE

10

PARA NO OFENDERLOS

Así que, ya no nos juzguemos más los unos
a los otros, sino más bien decidid no poner
tropiezo u ocasión de caer al hermano.
—ROMANOS 14:13

Acabamos de estudiar que Jesús ofendió a muchas personas mientras ministraba. Aparentemente, en todo lugar al que iba, alguien se ofendía. En este capítulo quisiera ver el otro lado de la moneda.

Jesús y sus discípulos acababan de regresar a Capernaum. Habían completado una gira ministerial y regresaban para tener un breve, pero muy necesario descanso.

Si había un lugar que pudiera ser considerado la base de su ministerio, era esta ciudad.

Mientras estaban allí, un oficial a cargo de la recaudación de los impuestos del templo se acercó a Simón Pedro. "¿Vuestro Maestro no paga las dos dracmas?" (Mateo 17:24).

Pedro le respondió que sí, y luego fue a comentarle lo sucedido a Jesús.

Jesús ya sabía del pedido del recaudador de impuestos, por lo que le preguntó a Simón Pedro: "¿Qué te parece, Simón? ¿A quién cobran impuestos los reyes de la tierra: a sus hijos, o a los extranjeros?".

"A los extranjeros", dijo Pedro.

"Entonces los hijos están exentos" (ver Mateo 17:25–26).

Jesús le confirma a Pedro que "los hijos están exentos". Ellos no son los que pagan impuestos. Los hijos son los que disfrutan de los beneficios de los impuestos. Viven en el palacio que se paga con el dinero de los impuestos. Comen a la mesa del rey y visten ropas reales, lo cual se paga con el dinero de los impuestos. Todo esto es gratuito para ellos.

Este oficial recibió el dinero del impuesto del templo. Sin embargo, ¿quién era el rey o el dueño del templo? ¿En honor de quién se había construido? La respuesta es: Dios el Padre. Pedro acababa de recibir de Dios la revelación de que Jesús era "el Cristo, el Hijo del Dios viviente".

Basándose en esta revelación, Jesús estaba preguntándole a Pedro: "Si yo soy Hijo del Dueño del templo, ¿no estoy exento de pagar el impuesto del templo entonces?". Por supuesto que estaba exento. Estaría totalmente justificado si no pagaba el impuesto. No obstante, veamos lo que Jesús le dice a Simón Pedro:

> Sin embargo, para no ofenderles, ve al mar, y echa el anzuelo, y el primer pez que saques, tómalo, y al abrirle la boca, hallarás un estatero; tómalo, y dáselo por mí y por ti.
>
> —MATEO 17:27, ÉNFASIS AÑADIDO

Jesús acababa de demostrar que era libre de no pagar el impuesto. Con todo, para no causar una ofensa, le dijo a Pedro: "¡Paguémoslo!". Y dio así una nueva confirmación de su libertad al ordenarle a Pedro que fuera a pescar y trajera el primer pez que obtuviera; en su boca encontraría el dinero. El mismo Dios Padre proveyó el dinero para pagar el impuesto.

Jesús es Señor de la tierra. Es el Hijo de Dios. La tierra y todo lo que hay en ella fueron creados por Él y están sujetos a Él. Por lo tanto, sabía que el dinero estaría en la boca del pez. No tenía que trabajar para conseguir ese dinero, porque era el Hijo. Sin embargo, aun así, decidió pagar el impuesto para no ofenderlos.

¿Es este el mismo Jesús que vimos en el capítulo anterior haciendo que las personas se ofendieran con Él sin disculparse por ello? Él demostró que estaba exento de pagar el impuesto del templo, pero dijo: "¡Para no ofenderlos, vamos a pagar!". Parece algo incoherente con lo que hemos visto, ¿verdad? La respuesta se encuentra en el versículo siguiente.

En aquel tiempo los discípulos vinieron a Jesús, diciendo: ¿Quién es el mayor en el reino de los cielos? Y llamando Jesús a un niño, lo puso en medio de ellos, y dijo: De cierto os digo, que si no os volvéis y os hacéis como niños, no entraréis en el reino de los cielos. Así que, cualquiera que se humille como este niño, ése es el mayor en el reino de los cielos.

—MATEO 18:1–4

La expresión clave aquí es "cualquiera que se humille". Poco después, Jesús amplió este concepto diciendo:

Mas entre vosotros no será así, sino que el que quiera hacerse grande entre vosotros será vuestro servidor, y el que quiera ser el primero entre vosotros será vuestro siervo; como el Hijo del Hombre no vino para ser servido, sino para servir, y para dar su vida en rescate por muchos.

—MATEO 20:26–28

¡Vaya! ¡Qué afirmación! Él no vino para ser servido, sino para servir. Él era el Hijo. Era libre. No le debía nada a nadie. No estaba sujeto a ningún hombre. Con todo, decidió utilizar su libertad para servir.

LIBERADOS PARA SERVIR

En el Nuevo Testamento se nos exhorta, como hijos de Dios, a imitar a nuestro Hermano, a tener la misma actitud que vemos en Jesús.

Porque vosotros, hermanos, a libertad fuisteis llamados; solamente que no uséis la libertad como ocasión para la carne, sino servíos por amor los unos a los otros.

—GÁLATAS 5:13

Un sinónimo de libertad es privilegio. No debemos usar nuestras libertades o privilegios como hijos del Dios vivo para servirnos a nosotros mismos. La libertad debe utilizarse para servir a los demás. Hay libertad en el servicio y atadura en la esclavitud. Un esclavo es aquel cuya obligación es servir, mientras que el siervo es el que vive para servir. Veamos algunas de las diferencias entre la actitud de un esclavo y la de un siervo:

- Un esclavo está obligado a servir; un siervo lo hace de buena gana.
- Un esclavo hace lo mínimo necesario; un siervo alcanza su máximo potencial.
- Un esclavo camina una milla; un siervo camina la segunda milla.
- Un esclavo siente que le roban; un siervo da.
- Un esclavo está atado; un siervo es libre.
- Un esclavo lucha por sus derechos; un siervo renuncia a sus derechos.

He visto a muchos cristianos servir con resentimiento. Dan quejándose y se molestan cuando tienen que pagar los impuestos. Viven como esclavos de una ley de la cual han sido liberados. Continúan siendo esclavos en su corazón.

Lo más alarmante es el hecho de que esta ley ha sido construida a partir del Nuevo Testamento. Estos cristianos no poseen el "espíritu" en el cual Jesús dio sus mandamientos. No han comprendido que fueron liberados para servir. De modo que continúan luchando por su beneficio propio, en lugar de luchar por el beneficio de los demás.

Pablo da un ejemplo vívido de oposición a esta actitud en sus cartas a los romanos y los corintios. Para estos creyentes, el problema que desafiaba su libertad era la comida. Pablo comenzó exhortándolos a recibir "al débil en la fe, pero no para contender sobre opiniones. Porque uno cree que se ha de comer de todo; otro, que es débil, come legumbres" (Romanos 14:1–2).

Jesús había aclarado que no era lo que entra en la boca lo que ensucia al hombre, sino lo que sale de ella. Cuando dijo estas palabras, declaró limpias todas las comidas para los creyentes (Marcos 7:18, 19).

Pablo dijo que había algunos creyentes que eran débiles en su fe y no podían comer carne por temor a que hubiera sido sacrificada a los ídolos. Aunque Jesús había hablado sobre el tema, estas personas aún no podían comer carne con una conciencia limpia.

Acerca, pues, de las viandas que se sacrifican a los ídolos, sabemos que un ídolo nada es en el mundo [...] para nosotros, sin embargo, sólo hay un Dios, el Padre, del cual proceden todas las cosas, y nosotros somos para él; y un Señor, Jesucristo, por medio del cual son todas las cosas, y nosotros por medio de él. Pero no en todos hay este conocimiento; porque algunos, habituados hasta aquí a los ídolos, comen como sacrificado a ídolos, y su conciencia, siendo débil, se contamina.

—1 Corintios 8:4, 6–7

En esas iglesias, los cristianos de fe más firme comían carne de origen cuestionable delante de algunos santos más débiles. Esto causaba problemas, aunque ya Jesús había purificado esas comidas. Los más débiles no podían apartar de su mente la imagen de esa carne en el altar de un ídolo. Los más fuertes sabían que un ídolo no significaba nada y no tenían problemas de conciencia al comer.

Sin embargo, al parecer les preocupaba más que se respetaran sus derechos como creyentes neotestamentarios que el hecho de ofender a sus hermanos. Sin proponérselo, estaban siendo piedra de tropiezo para sus hermanos más débiles. Esta actitud no corresponde al corazón de un siervo. Veamos cómo Pablo trata el tema:

Así que, ya no nos juzguemos más los unos a los otros, sino más bien decidid no poner tropiezo u ocasión de caer al hermano [...] porque el reino de Dios no es comida ni bebida, sino justicia, paz y gozo en el Espíritu Santo.

—Romanos 14:13, 17

Lo que estaba diciendo era: "Recordemos de qué se trata verdaderamente el Reino: justicia, paz y gozo en el Espíritu Santo". Todos estos beneficios estaban siendo limitados para los nuevos creyentes. Los más fuertes no utilizaban su libertad para servir, sino como plataforma para sus "derechos". Conocían su libertad según el Nuevo Testamento. Pero el conocimiento sin amor destruye.

Ellos no sentían lo mismo que Jesús en cuanto a este asunto. Jesús demostró sus derechos en lo concerniente al impuesto del templo a Pedro y los demás discípulos para así ejemplificar la importancia de entregar nuestras vidas al servicio. Él nunca deseó que la libertad fuera una licencia para demandar nuestros derechos y hacer que otras personas se ofendieran y tambalearan.

Pablo advirtió en este sentido a los que tenían el conocimiento de sus derechos en Cristo sin tener la misma inclinación de servir que había en su corazón:

> Y por el conocimiento tuyo, se perderá el hermano débil por quien Cristo murió. De esta manera, pues, pecando contra los hermanos e hiriendo su débil conciencia, contra Cristo pecáis.
>
> —1 Corintios 8:11–12

Podemos utilizar nuestra libertad para pecar. ¿Cómo? Hiriendo a quienes tienen una conciencia más débil, haciendo que uno de los pequeños de Cristo se sienta ofendido y tropiece.

RENUNCIAS A NUESTROS DERECHOS

Una vez que Jesús hubo establecido su libertad con respecto al impuesto del templo, se cuidó muy bien de dejar en claro ante sus discípulos la importancia de la humildad.

> Y cualquiera que haga tropezar a alguno de estos pequeños que creen en mí, mejor le fuera que se le colgase al cuello una piedra de molino de asno, y que se le hundiese en lo profundo del mar. ¡Ay del mundo por los tropiezos [ofensas]! porque es necesario que vengan tropiezos, pero ¡ay de aquel hombre por quien viene el tropiezo! Por tanto, si tu mano o tu pie te es ocasión de caer, córtalo y échalo de ti; mejor te es entrar en la vida cojo o manco, que teniendo dos manos o dos pies ser echado en el fuego eterno. Y si tu ojo te es ocasión de caer, sácalo y échalo de ti; mejor te es entrar con un solo ojo en la vida, que teniendo dos ojos ser echado en el infierno de fuego. Mirad que no menospreciéis a uno de estos pequeños; porque os digo que sus ángeles en los cielos ven siempre el rostro de mi Padre que está en los cielos.
>
> —Mateo 18:6–10

Todo este capítulo de Mateo habla de las ofensas o los motivos de tropiezo. Jesús dice claramente que nos despojemos de todo lo que sea causa de pecado, aunque se trate de uno de nuestros privilegios neotestamentarios. Si algo hace que nuestro hermano débil peque, hay que renunciar a ello ante él.

Podemos preguntarnos entonces por qué Jesús hacía que tantas personas se ofendieran, como vimos en el capítulo anterior. La respuesta es simple: Jesús ofendía a algunas personas porque obedecía al Padre y servía a los demás. Su ofensa no provenía de la defensa de sus derechos.

Los fariseos se ofendieron cuando Él sanó en un día de reposo. Sus discípulos se ofendieron por la verdad que su Padre le había encomendado predicar. María y Marta se ofendieron cuando retrasó su regreso para sanar a Lázaro. Sin embargo, no encontraremos jamás a Jesús ofendiendo a alguien para servirse a sí mismo.

Pablo, en su carta a los corintios, nos da la siguiente advertencia:

> Pero mirad que esta libertad vuestra no venga a ser tropezadero para los débiles.
>
> —1 Corintios 8:9

Nuestra libertad nos ha sido dada para servir y entregar nuestras vidas. Debemos edificar, no destruir. Esa libertad tampoco nos fue dada a fin de acumular cosas para nosotros mismos. Es por haberla utilizado con ese fin que hoy a muchos les ofende el estilo de vida de algunos cristianos.

Escuchemos una vez más la advertencia que se nos da en 1 Corintios 8:9: "Pero mirad que esta libertad vuestra no venga a ser tropezadero para los débiles".

Veamos un ejemplo de cómo puede quebrantarse este mandamiento. En mi segundo viaje ministerial a Indonesia, llevé a Lisa, mis hijos y una niñera. Llegamos a Denpasar, Bali, una isla de veraneo.

Un líder de la iglesia que visitábamos era dueño de un modesto hotel en una zona de la ciudad que era muy ruidosa. Habíamos viajado mucho y dormido poco. Estábamos exhaustos. Esa noche, nos despertaron varias veces los ruidos de la calle y los perros que ladraban. Sólo nos quedamos una noche y no logramos descansar como lo necesitábamos.

Al otro día continuamos camino a Java y ministramos durante las dos semanas siguientes, que estuvieron colmadas de actividades. Sólo tuvimos un día libre en dos semanas, y lo utilizamos para viajar. En un período de veinticuatro horas ministramos cinco veces en una iglesia que tenía treinta mil miembros.

Al final del viaje debíamos regresar pasando por Bali otra vez. El pastor nos informó que nos quedaríamos de nuevo en el hotel de ese líder. La idea de volver a pasar una noche en esas condiciones no nos entusiasmó demasiado, sobre todo después de haber estado dos semanas ministrando sin descanso.

Durante el desayuno, la mañana en que debíamos partir de Java hacia Bali, una querida hermana se ofreció a costear nuestra estadía en uno de los hoteles de primera categoría de Bali. Me sentí entusiasmado, ya que finalmente podríamos descansar y alojarnos en un lugar hermoso.

Cuando salimos del restaurante para empacar, Lisa me dijo que no se sentía cómoda con la idea de aceptar el ofrecimiento de esta señora. La intérprete y yo intentamos convencerla, asegurándole que todo iría bien. Una vez más, mientras volábamos de Java a Bali, Lisa me comentó que no creía que lo que hacíamos fuera lo correcto.

Yo actué neciamente y no le presté atención. Le dije que no le costaría nada a la iglesia y que todo estaría bien. Cuando llegamos a Bali, mientras sacábamos nuestras maletas del aeropuerto, una vez más Lisa intentó convencerme, pero la ignoré.

Cuando nos reunimos con el pastor, le dije que no necesitaríamos quedarnos en el hotel de ese hermano, ya que habíamos aceptado el ofrecimiento de la otra hermana. Él pareció algo incómodo por lo que le dije, así que le pregunté qué andaba mal.

Afortunadamente fue muy honesto conmigo y me explicó: "John, esto ofenderá al hermano y a su familia. Ellos ya les han reservado el cuarto, y no tienen ni un solo lugar libre esta noche".

Al parecer, también había ofendido al pastor, ya que no apreciaba lo que ellos habían dispuesto para nosotros. Finalmente, le dije que nos quedaríamos en el hotel de este hermano y declinaríamos el ofrecimiento de aquella señora.

El Señor me reprendió por mi actitud. Yo sabía que el pastor estaba herido. Me percaté de que al demandar mis derechos había ofendido a este hermano, y eso era un pecado. Le pedí perdón y él me perdonó. Espero no tener que aprender de nuevo esa lección.

LA PRUEBA DE LA EDIFICACIÓN

El apóstol Pablo, en su carta a los romanos, resumió lo que Dios siente con respecto a este tema:

> Así que, sigamos lo que contribuye a la paz y a la mutua edificación.
>
> —ROMANOS 14:19

Deberíamos tener como meta no hacer que otras personas caigan a causa de nuestras libertades personales. Lo que hacemos puede ser aceptable según las Escrituras. No obstante, preguntémonos: ¿Busca esto la edificación de los demás o la mía propia?

> Todo me es lícito, pero no todo conviene; todo me es lícito, pero no todo edifica [...] Si, pues, coméis o bebéis, o hacéis otra cosa, hacedlo todo para la gloria de Dios. No seáis tropiezo ni a judíos, ni a gentiles, ni a la iglesia de Dios; como también yo en todas las cosas agrado a todos, no procurando mi propio beneficio, sino el de muchos, para que sean salvos.
>
> —1 CORINTIOS 10:23, 31–33, ÉNFASIS AÑADIDO

Le animo a que permita que el Espíritu Santo examine cada área de su vida por medio de este pasaje de la Biblia. Permita que le muestre todo motivo o plan oculto que sea para su beneficio personal y no para beneficio de los demás. No importa qué área de su vida implique, acepte el desafío de vivir como siervo de todos.

Utilice su libertad en Cristo para liberar a otros, no para afirmar sus derechos. Esa fue una de las directivas del ministerio de Pablo, que escribió: "No damos a nadie ninguna ocasión de tropiezo, para que nuestro ministerio no sea vituperado" (2 Corintios 6:3).

UNA PERSONA QUE NO PUEDE PERDONAR HA OLVIDADO CUÁN GRANDE ES LA DEUDA QUE DIOS LE HA PERDONADO.

La trampa de Satanás había estado en mi biblioteca por más de un año, y finalmente comencé a leerlo. De inmediato pude reconocer el espíritu que se había apoderado de mi vida. Sabía más allá de toda sombra de duda que el Espíritu Santo me estaba guiando a leer este libro. Mientras más leía, más convencido me sentía. En la iglesia, nuestro pastor les pidió a aquellos que necesitaban perdonar a alguien que pasaran al frente. Acudí sin vacilación al altar a fin de perdonar a todos aquellos con los que me había sentido ofendido, en especial a mi papá. Más tarde, le pedí a mi padre que me perdonara. ¡Estoy agradecido de que lo hiciera y ahora pueda sentirme libre! ¡Gracias por este libro!

—R. P., VIRGINIA

11

PERDÓN: SI NO SE DA, NO SE RECIBE

Por tanto, os digo que todo lo que pidiereis orando,
creed que lo recibiréis, y os vendrá.
Y cuando estéis orando, perdonad,
si tenéis algo contra alguno,
para que también vuestro Padre que está en los
cielos os perdone a vosotros vuestras ofensas.
Porque si vosotros no perdonáis, tampoco vuestro Padre
que está en los cielos os perdonará vuestras ofensas.
—MARCOS 11:24–26

Quisiera que por lo que resta del libro concentremos nuestra atención en las consecuencias de negarnos a perdonar las ofensas y en cómo librarnos de ellas.

Jesús estaba convencido de lo que dijo: "Si vosotros no perdonáis, tampoco vuestro Padre que está en los cielos os perdonará vuestras ofensas". Vivimos en una cultura en que no siempre tomamos en serio lo que decimos. Por consiguiente, tampoco creemos que los demás realmente digan en serio lo que dicen. La palabra de una persona no se toma de forma literal.

Esto comienza en la niñez. Un padre le dice a su hijo: "Si vuelves a hacer eso, te castigaré". El niño no sólo vuelve a hacerlo, sino que lo repite varias veces. Después de cada episodio, la advertencia se renueva. Por lo general, no tiene lugar ninguna acción correctiva, y si se produce, es más liviana de lo que se prometió o más severa, ya que el padre está molesto.

Ambas respuestas le envían al niño el mensaje de que en realidad no queremos decir lo que decimos o lo que afirmamos no es cierto. El niño aprende a pensar que no todo lo que dicen las figuras que representan la autoridad es verdad. Eso lo confunde y comienza a preguntarse cuándo debe tomar en serio lo que dicen estas figuras y cuándo no. Esta actitud se proyecta a otras áreas de su vida. El niño ve a sus maestros, amigos, líderes y jefes en el mismo marco de referencia. Para cuando llega a ser adulto, ya lo ha aceptado como normal. Sus conversaciones ahora consisten en promesas y afirmaciones en las que dice cosas que realmente no piensa cumplir.

Quisiera dar un ejemplo hipotético de una conversación típica. Jim ve a Tom, a quien conoce, pero con el que no ha hablado durante cierto tiempo. Tiene poco tiempo, y piensa: "Oh, no. No puedo creer que me encuentre con Tom ahora. No tengo tiempo para hablar".

Los dos hombres se miran.

Jim dice: "Gloria a Dios, hermano. ¡Qué bueno es verte!".

Hablan durante un rato. Dado que Jim tiene prisa, termina diciendo: "Tenemos que encontrarnos para almorzar algún día".

En primer lugar, Jim no se sintió feliz al ver a Tom, ya que tenía prisa. En segundo, no estaba pensando en el Señor, pero saludó a Tom con un "Gloria a Dios". En tercero, no tenía intención de cumplir esa invitación a almorzar. Fue sólo una forma de despedirse rápidamente y calmar su conciencia al mismo tiempo. En realidad, Jim no quiso decir nada de lo que dijo en esa conversación.

Todos los días se producen situaciones reales como esta. La mayoría de las personas no tienen verdadera intención de decir al menos una cuarta parte de lo que dicen. ¿Es de extrañarse entonces que nos resulte difícil saber cuándo podemos considerar en serio lo que una persona dice?

No obstante, cuando Jesús habla, Él desea que lo tomemos en serio. No podemos juzgar lo que Él dice de la misma forma que juzgamos lo que dicen otras figuras de autoridad o las personas con las que nos relacionamos. Cuando Él afirma algo, lo hace en serio. Es fiel, aun cuando nosotros no somos fieles. Él transita a un nivel de verdad e integridad que trasciende nuestra cultura y sociedad. Por eso, cuando Jesús afirmó: "Si no perdonáis, tampoco vuestro Padre que está en el cielo os perdonará", lo dijo en serio.

Para profundizar un poco más en el tema, recordemos que no lo afirmó una sola vez en los Evangelios, sino muchas. Estaba enfatizando la importancia de esta advertencia. Veamos algunas de las veces en que dijo estas palabras:

Porque si perdonáis a los hombres sus ofensas, os perdonará también a vosotros vuestro Padre celestial; mas si no perdonáis a los hombres sus ofensas, tampoco vuestro Padre os perdonará vuestras ofensas.

—MATEO 6:14–15

Y una vez más:

Perdonad, y seréis perdonados.

—LUCAS 6:37

En el Padrenuestro, leemos de nuevo:

Y perdónanos nuestras deudas, como también nosotros perdonamos a nuestros deudores.

—MATEO 6:12, ÉNFASIS AÑADIDO

Me pregunto cuántos cristianos quisieran que Dios los perdonara de la misma forma en que ellos han perdonado a quienes los ofendieron. Sin embargo, esta es exactamente la manera en que serán perdonados. La falta de perdón es moneda corriente en nuestras iglesias, y por eso no queremos tomar estas palabras de Jesús tan en serio. No obstante, sea algo común o no, la verdad no cambia. Así como perdonemos, liberemos y restauremos a los demás, seremos perdonados.

Escuché un testimonio inusual sobre un ministro que se encontraba en Filipinas. Unos amigos míos que lo conocían por haber trabajado antes con él me mostraron un artículo que hablaba de sus experiencias.

Este hombre había rechazado el llamado de Dios para su vida durante varios años debido al éxito que tenían sus negocios. Estaba ganando mucho dinero. Su desobediencia finalmente produjo consecuencias, y tuvo que ser llevado de repente al hospital a causa de un problema cardíaco.

El hombre murió en la mesa de operaciones y se encontró frente a las puertas del cielo. Jesús estaba allí y lo reprendió por su desobediencia. Él le rogó que extendiera su vida para que pudiera servirle. El Señor consintió.

Antes de enviarlo de regreso a su cuerpo, el Señor le mostró el infierno. Allí este hombre vio a la madre de su esposa ardiendo en las llamas.

Quedó anonadado. Esa mujer había orado arrepintiéndose de sus pecados, confesaba ser cristiana, había asistido a la iglesia. "¿Por qué está en el infierno?", le preguntó al Señor.

El Señor le dijo que ella se había negado a perdonar a un familiar y por lo tanto no había podido ser perdonada.

EL PERDÓN Y EL CRECIMIENTO ESPIRITUAL

Hemos visto muchos ejemplos de la trampa de la falta de perdón en nuestro propio ministerio. Cuando ministré por primera vez en Indonesia, me alojé en la casa de un hombre de negocios muy rico. Aunque él y su familia asistían a la iglesia donde me encontraba ministrando, no eran salvos.

Durante la semana que estuve allí, su esposa fue salva, luego él, y después sus tres hijos. Tuvo lugar una liberación, y toda la atmósfera de la casa cambió. El hogar se llenó de gozo.

Cuando supieron que volvería a Indonesia con mi esposa, nos invitaron a quedarnos con ellos y se ofrecieron a pagar los pasajes aéreos para mis tres hijos y una niñera.

Llegamos y ministramos diez veces en su iglesia. Prediqué sobre el arrepentimiento y la presencia de Dios. Sentimos la presencia del Señor en las reuniones. Había lágrimas de arrepentimiento y gritos de liberación en cada culto.

Toda la familia fue ministrada de nuevo. La madre del esposo, que vivía en la misma ciudad, asistió a todos los cultos. Ella también había contribuido con una importante suma para pagar los pasajes aéreos de mis hijos.

Cuando ya casi terminaba la semana, la madre de este hombre me miró directo a los ojos y me preguntó: "John, ¿por qué nunca he sentido la presencia de Dios?".

Acabábamos de terminar el desayuno y ya todos se habían levantado de la mesa.

"He estado en todas las reuniones," continuó, "y escuché atentamente todo lo que usted dijo. He pasado al frente y me he arrepentido, pero no sentí la presencia de Dios ni una vez. No sólo eso; en realidad nunca, en ninguna ocasión, he sentido la presencia de Dios".

Conversé con ella durante un rato y luego le dije: "Oremos para que usted sea llena del Espíritu Santo". Le impuse mis manos y oré para que recibiera el Espíritu Santo, pero aun así no se sentía la presencia del Señor.

Entonces Dios le habló a mi espíritu. "Ella no ha perdonado a su esposo. Dile que lo perdone".

Aparté mis manos. Sabía que su esposo había fallecido, pero la miré y le dije: "El Señor me muestra que usted no ha perdonado a su esposo".

"Es cierto," dijo ella, "pero me he esforzado mucho por hacerlo".

Entonces me relató todas las cosas horribles que él le había hecho. Pude comprender por qué le era tan difícil perdonarlo.

No obstante, le dije: "Para recibir de Dios, debe perdonar", y le expliqué lo que Jesús nos enseña sobre el perdón.

"No podrá perdonarlo con sus propias fuerzas. Debe llevar esto ante Dios y pedirle primero al Señor que la perdone a usted. Entonces podrá perdonar a su esposo. ¿Está dispuesta a liberar a su esposo?", le pregunté.

"Sí", me dijo.

La guié en una sencilla oración. "Padre del cielo, en el nombre de Jesús te ruego que me perdones por no haber perdonado a mi esposo. Señor, sé que no puedo perdonarlo con mis propias fuerzas. Ya he fallado. Sin embargo, delante de ti quiero ahora liberar a mi esposo de corazón. Lo perdono".

Tan pronto dijo estas palabras, comenzaron a caer lágrimas de sus ojos.

"Levante sus manos y hable en lenguas", la insté.

Por primera vez habló en un bellísimo idioma celestial. La presencia del Señor era tan tremenda en ese lugar que nos abrumaba y nos dejaba atónitos. Esta mujer lloró durante cinco minutos. Hablamos un rato y luego la animé a que disfrutara de la presencia del Señor. Ella continuó adorándolo y la dejé sola.

Cuando su hijo y su nuera supieron lo que había sucedido, se sorprendieron mucho. El hijo me dijo que nunca había visto llorar a su madre.

Ella tampoco podía recordar la última vez que había llorado. "Ni siquiera lloré cuando mi esposo murió".

En el culto de esa noche, esta mujer fue bautizada con agua. Durante los tres días siguientes, su rostro irradiaba una dulce sonrisa y un suave brillo. No recuerdo haberla visto sonreír antes. Ella no había perdonado, y por lo tanto, estaba presa de su falta de perdón. No obstante, una vez que liberó a su esposo y lo perdonó, recibió el poder del Señor en su vida y pudo sentir su presencia.

EL SIERVO QUE NO PERDONABA

En Mateo 18, Jesús arroja una nueva luz sobre la atadura que producen la falta de perdón y la ofensa. Él les estaba enseñando a sus discípulos cómo reconciliarse con un hermano que los hubiera ofendido. (Hablaremos de la reconciliación en otro capítulo.)

Pedro preguntó: "Señor, ¿cuántas veces perdonaré a mi hermano que peque contra mí? ¿Hasta siete?" (Mateo 18:21). Él pensaba que estaba siendo generoso.

A Pedro le gustaban las cosas extremas. Fue él quien dijo en el monte de la transfiguración: "Señor, bueno es para nosotros que estemos aquí; si quieres, hagamos aquí tres enramadas: una para ti, otra para Moisés, y otra para Elías" (Mateo 17:4). Ahora pensó que estaba siendo magnánimo: Impresionaré al Maestro con mi buena disposición a perdonar siete veces.

Sin embargo, recibió una respuesta que lo dejó muy sorprendido. Jesús destruyó lo que según Pedro era un planteamiento generoso: "No te digo hasta siete, sino aun hasta setenta veces siete" (Mateo 18:22, énfasis añadido). En otras palabras, perdona como Dios lo hace, sin límites.

Luego Jesús relató una parábola para enfatizar el concepto.

Por lo cual el reino de los cielos es semejante a un rey que quiso hacer cuentas con sus siervos. Y comenzando a hacer cuentas, le fue presentado uno que le debía diez mil talentos.

—MATEO 18:23–24

Para comprender la enormidad de lo que Jesús estaba diciendo, debemos saber qué era un talento. Un talento era una unidad de medida. Se utilizaba para medir oro (2 Samuel 12:30), plata (1 Reyes 20:39), y otros metales y elementos. En esta parábola se habla de una deuda, por lo cual podemos inferir razonablemente que Él se estaba refiriendo a una unidad de cambio como el oro o la plata. Digamos que era al oro.

El talento común equivalía aproximadamente a 37,5 kilos. Este era todo el peso que podía cargar un hombre (ver 2 Reyes 5:23). Diez mil talentos serían entonces alrededor de 375.000 kilos, es decir, 375 toneladas. Así que este siervo le debía al rey 375 toneladas de oro.

En estos momentos el precio del oro es de poco más de $750 el kilo. En el mercado actual, un talento de oro costaría $450.000. Por lo tanto, diez mil talentos de oro valdrían $4.500.000.000. ¡Este siervo le debía al rey cuatro mil quinientos millones de dólares!

Jesús estaba haciendo énfasis en que el siervo tenía una deuda que jamás podría pagar. Leemos aquí:

> A éste, como no pudo pagar, ordenó su señor venderle, y a su mujer e hijos, y todo lo que tenía, para que se le pagase la deuda. Entonces aquel siervo, postrado, le suplicaba, diciendo: Señor, ten paciencia conmigo, y yo te lo pagaré todo. El señor de aquel siervo, movido a misericordia, le soltó y le perdonó la deuda.
>
> —MATEO 18:25–27

Ahora veamos cómo se aplica esta parábola al hecho de recibir una ofensa. Cuando se produce una ofensa, se produce una deuda. Todos hemos oído decir: "Pagarás por esto". Así que el perdón es como la cancelación de una deuda.

El rey representa a Dios el Padre, quien le perdonó a su siervo una deuda que a éste le era imposible pagar. En Colosenses 2:13, 14 leemos: "Y a vosotros, estando muertos en pecados y en la incircuncisión de vuestra carne, os dio vida juntamente con él, perdonándoos todos los pecados, anulando el acta [certificado de deuda] de los decretos que había contra nosotros, que nos era contraria, quitándola de en medio y clavándola en la cruz".

La deuda que nos ha sido perdonada era imposible de pagar. No había forma de que jamás pudiéramos devolverle a Dios lo que le debíamos. Nuestra ofensa era abrumadoramente grande. Por eso Dios nos dio la salvación como regalo. Jesús pagó el certificado de la deuda que teníamos en nuestra contra. Podemos ver el paralelo entre la relación de este siervo con su rey y nuestra relación con Dios.

> Pero saliendo aquel siervo, halló a uno de sus consiervos, que le debía cien denarios; y asiendo de él, le ahogaba, diciendo: Págame lo que me debes.
>
> —MATEO 18:28

Un denario era aproximadamente el equivalente a un jornal. Así que según los valores actuales, cien denarios serían casi cuatro mil dólares. Ahora continuemos leyendo:

> Entonces su consiervo, postrándose a sus pies, le rogaba diciendo: Ten paciencia conmigo, y yo te lo pagaré todo. Mas él no quiso, sino fue y le echó en la cárcel, hasta que pagase la deuda.
>
> —MATEO 18:29–30

Uno de sus consiervos le debía una suma considerable de dinero: la tercera parte de los salarios de un año. ¿Qué pensaría usted si le faltara la tercera parte de su salario? No obstante, recuerde que a este hombre se le perdonó una deuda de cuatro mil quinientos millones de dólares. ¡Eso es más dinero de lo que podría ganar en toda una vida!

Las ofensas que podemos experimentar entre nosotros, comparadas con nuestras ofensas a Dios, son como cuatro mil dólares comparados con cuatro mil quinientos millones. Quizá otra persona nos haya tratado mal, pero esto no puede compararse con nuestras transgresiones contra Dios.

Quizá usted sienta que nadie ha sufrido tanto a manos de otros como usted. Sin embargo, no comprende cuánto fue maltratado Jesús. Él era inocente; un cordero sin mancha que fue inmolado.

Una persona que no puede perdonar ha olvidado cuán grande es la deuda que se le ha perdonado. Cuando comprendemos que Jesús nos ha librado de la muerte y el tormento eterno, liberamos incondicionalmente a los demás. (Hablaremos más sobre este tema en el capítulo 13.)

No hay nada peor que pasar la eternidad en el lago de fuego. Allí no hay alivio, el gusano no muere y el fuego no se apaga. Ese era nuestro destino hasta que Dios nos perdonó por medio de la muerte de su Hijo, Jesucristo. ¡Aleluya! Si le resulta difícil perdonar, piense en la realidad del infierno y en el amor de Dios que lo salvó de él.

LECCIONES PARA LOS CREYENTES

Continuemos con la parábola:

> Viendo sus consiervos lo que pasaba, se entristecieron mucho, y fueron y refirieron a su señor todo lo que había pasado. Entonces, llamándole su señor, le dijo: Siervo malvado, toda aquella deuda te perdoné, porque me rogaste. ¿No debías tú también tener misericordia de tu consiervo, como yo tuve misericordia de ti?
>
> —MATEO 18:31–33

Jesús no estaba refiriéndose a los incrédulos en esta parábola. Estaba hablando de siervos del rey. A este hombre se le había perdonado una gran deuda (salvación) y era llamado "siervo" del señor. Aquel a quien él no quiso perdonar era un "consiervo". Por ello, podemos llegar a la conclusión de que este es el destino que le espera a un creyente que decide no perdonar.

> Entonces su señor, enojado, le entregó a los verdugos, hasta que pagase todo lo que le debía. Así también mi Padre celestial hará con vosotros si no perdonáis de todo corazón cada uno a su hermano sus ofensas.
>
> —MATEO 18:34–35

Estos versículos muestran tres conceptos principales.

El siervo que no perdona es entregado para ser torturado.

Debe pagar la deuda original: 375 toneladas de oro.

Dios el Padre hará lo mismo con cualquier creyente que no perdone la ofensa que le haya infligido un hermano.

1. El siervo que no perdona es entregado para ser torturado.

El diccionario define la palabra tortura como "dolor físico o moral muy intenso y persistente".[1]

Los instigadores de esta tortura son espíritus demoníacos. Dios les da a los "torturadores" permiso para infligir dolor y agonía de cuerpo y mente a voluntad, aunque seamos creyentes. Muchas veces he orado por distintas personas que no podían recibir sanidad, consuelo o liberación, ya que no liberaban a otros perdonándolos de corazón.

Los médicos y los científicos han establecido la conexión existente entre la falta de perdón o la amargura y ciertas enfermedades, como la artritis y el cáncer. Muchos casos de enfermedades mentales están relacionados con la amargura de la falta de perdón.

Por lo general, le negamos el perdón a otras personas, pero algunas veces también nos lo negamos a nosotros mismos. Jesús dijo: "Si tienes algo contra alguien, perdona..." (ver Mateo 5:24). Eso nos incluye a nosotros mismos. Si Dios nos perdonó, ¿quiénes somos nosotros para no perdonar a alguien que Él ha perdonado, aunque ese alguien seamos nosotros mismos?

2. El siervo que no perdona debe pagar la deuda original, lo cual es imposible.

Este hombre debía hacer algo imposible. Es como que se nos requiera pagar la deuda que Jesús pagó en el Calvario. Perderíamos nuestra salvación.

"Espere un momento", me dirá usted. "Yo creía que una vez que una persona oraba arrepintiéndose de sus pecados y entregándole su vida a Jesús, jamás podría volver a perderse".

Si es eso lo que cree, explíqueme por qué Pedro escribió estas palabras:

Ciertamente, si habiéndose ellos escapado de las contaminaciones del mundo, por el conocimiento del Señor y Salvador

Jesucristo, enredándose otra vez en ellas son vencidos, su postrer estado viene a ser peor que el primero. Porque mejor les hubiera sido no haber conocido el camino de la justicia, que después de haberlo conocido, volverse atrás del santo mandamiento que les fue dado.

—2 Pedro 2:20–21, énfasis añadido

Pedro estaba hablando de personas que habían escapado del pecado (las contaminaciones del mundo) por medio de la salvación en Cristo Jesús. Sin embargo, se habían enredado de nuevo en el pecado (que podría ser la falta de perdón) y éste los había vencido. Ser vencidos por el pecado significa que no regresaron al Señor y se arrepintieron de su pecado voluntario. Pedro afirma aquí que dejar el camino de la justicia es peor que no haberlo conocido nunca. En otras palabras, Dios dice que es mejor no haber sido salvo que recibir el regalo de la vida eterna y luego apartarnos de Él para siempre.

Judas también habla de algunos en la iglesia que estaban "dos veces muertos" (Judas 12–13). Estar dos veces muertos significa que una vez estuvimos muertos sin Cristo, luego se nos dio vida al recibirlo a Él, y después morimos de nuevo al apartarnos de forma permanente de sus caminos.

Vemos que muchos se acercarán a Jesús justificándose a sí mismos al decir: "Señor, Señor, ¿no profetizamos en tu nombre, y en tu nombre echamos fuera demonios, y en tu nombre hicimos muchos milagros? Y entonces les declararé: Nunca os conocí; apartaos de mí, hacedores de maldad" (Mateo 7:22–23). Ellos lo conocían. Lo llamaban Señor y hacían milagros en su nombre. Sin embargo, Él no los conocía a ellos.

¿A quién conocerá Jesús? El apóstol Pablo escribió: "Pero si alguno ama a Dios, es conocido por él" (1 Corintios 8:3). Dios conoce a los que le aman.

Podemos decir: "Yo amo a Dios. A quien no amo es a este hermano que me hirió". Entonces nos engañamos y no amamos a Dios, porque está escrito: "Si alguno dice: Yo amo a Dios, y aborrece a su hermano, es mentiroso. Pues el que no ama a su hermano a quien ha visto, ¿cómo puede amar a Dios a quien no ha visto?" (1 Juan 4:20). El engaño es algo terrible, porque los creyentes que se engañan creen con todo su corazón que están en lo cierto. Piensan que son de una manera, cuando en realidad son de otra. Una persona que se niega a obedecer la Palabra engaña a su propio corazón.

¿No es interesante que "muchos" que esperan llegar al cielo sean rechazados y que Jesús haya dicho que muchos serán ofendidos en los últimos días (Mateo 24:10)? ¿Será que estos dos grupos están compuestos por las mismas personas?

Algunos creyentes se sienten tan atormentados por la falta de perdón que quizá esperen que la muerte les traiga alivio. No obstante, esto no es así. Debemos terminar con la falta de perdón ahora o nos veremos obligados a pagar lo que es imposible pagar.

3. Dios el Padre hará lo mismo con cualquier creyente que se niegue a perdonar de corazón, sin importar cuán grande haya sido la ofensa o el dolor.

Jesús fue muy específico y quiso asegurarse de que comprendiéramos la parábola. En casi todas las parábolas, Jesús no daba la interpretación hasta que sus discípulos se la pedían. Sin embargo, en este caso no deseaba que quedaran dudas sobre cuán severo sería el juicio para los que se negaran a perdonar.

En muchas otras ocasiones Jesús dejó en claro que si no perdonamos, no seremos perdonados. Y recordemos que Él no es como nosotros. Cuando Él dice algo, lo dice en serio.

Esto no es algo común en la iglesia. Por el contrario, se dan excusas para abrigar la falta de perdón. La misma se considera un pecado menor comparado con la homosexualidad, el adulterio, el robo, las borracheras y otras cosas. No obstante, quienes la practican no heredarán el reino de Dios, así como no lo heredarán aquellos que practican los demás pecados.

Algunos creerán que este es un mensaje fuerte, pero yo lo considero un mensaje de misericordia y advertencia, no de juicio severo. ¿Dejará usted que el Espíritu Santo lo convenza ahora, con lo cual podrá experimentar el arrepentimiento genuino y el perdón? ¿O preferirá negarse a perdonar para luego escuchar que el Maestro le dice: "¡Apártate!", cuando no haya más oportunidad de arrepentirse?

DEBEMOS ESTAR TAN LEJOS DE VENGARNOS POR NUESTRA PROPIA MANO QUE NOS ARRIESGUEMOS VOLUNTARIAMENTE A QUE VUELVAN A APROVECHARSE DE NOSOTROS.

Le agradezco a Dios por su obediencia al escribir La trampa de Satanás. Este libro posee una unción tan grande que el Espíritu del Señor trató conmigo todo el tiempo mientras lo leía, lo cual solo me tomó un par de días. El libro ha cambiado mi vida por completo. He sido liberado de las cadenas de la ofensa y continuaré ejercitando mi corazón, mi mente y mis emociones para permanecer libre.

—L. M., CAROLINA DEL SUR

12

LA TRAMPA DE LA VENGANZA

No paguéis a nadie mal por mal; procurad
lo bueno delante de todos los hombres.
—ROMANOS 12:17

C omo vimos claramente en el capítulo anterior, aferrarse a una
ofensa por falta de perdón es como considerar que una deuda
está pendiente de pago. Cuando una persona le hace daño a otra, esta
última cree que aquella está en deuda con ella y espera un pago de
alguna clase, ya sea monetario o no.

Nuestro sistema legal existe para resarcir a los individuos o enti-
dades que han sido heridos o han sufrido algún daño. Los juicios
se producen porque las personas buscan satisfacer las deudas que
otras tienen con ellas. Cuando alguien ha sido herido de alguna forma por otro, la justicia humana dice: "Deberá ser juzgado por lo que
ha hecho, y si es culpable, pagar por ello". El siervo que no perdonó
deseaba que su consiervo pagara lo que le debía, por lo cual solicitó
su compensación en un tribunal. Este no es el camino de la justicia.

No os venguéis vosotros mismos, amados míos, sino dejad
lugar a la ira de Dios; porque escrito está: Mía es la venganza,
yo pagaré, dice el Señor.
—ROMANOS 12:19

Es injusto que nosotros, hijos de Dios, ejecutemos nuestra propia venganza. Sin embargo, es exactamente eso lo que deseamos
cuando nos negamos a perdonar. Deseamos, buscamos, planeamos y

llevamos a cabo nuestra venganza. No perdonamos hasta que la deuda haya sido pagada por completo, y sólo nosotros podemos determinar cuál es la compensación que nos parece aceptable. Cuando deseamos corregir el mal que se nos ha hecho, nos colocamos en la posición de jueces. No obstante, sabemos que:

> Uno solo es el dador de la ley, que puede salvar y perder; pero tú, ¿quién eres para que juzgues a otro? […] Hermanos, no os quejéis unos contra otros, para que no seáis condenados; he aquí, el juez está delante de la puerta.
>
> —SANTIAGO 4:12; 5:9

Dios es el Juez justo. Él juzga imparcialmente. Sin embargo, Él paga según la justicia. Si alguien ha hecho mal y se arrepiente de forma genuina, la obra de Jesús en el Calvario borra la deuda.

Quizá digamos: "¡Pero fue a mí a quien le hicieron mal, no a Jesús!".

Sí, pero no comprendemos el mal que nosotros le hicimos a Él. Siendo una víctima inocente, Él no tenía culpa alguna, mientras que todos los demás seres humanos habían pecado y estaban condenados a morir. Cada uno de nosotros ha quebrantado leyes de Dios que trascienden las leyes de la tierra. Si se hiciera justicia, todos deberíamos ser condenados a muerte por la mano del sumo tribunal del universo.

Quizá usted no ha hecho nada para provocar el mal que sufrió a manos de otro. Con todo, no es posible comparar lo que se le ha hecho con lo que le ha sido perdonado. ¡Ni siquiera representa un ínfimo porcentaje de la deuda que usted mantiene! Si se siente engañado, posee un concepto errado de la misericordia que se le ha ofrecido.

NO HAY ZONAS INTERMEDIAS

Bajo el pacto del Antiguo Testamento, si usted cometía alguna transgresión en contra mía, yo tenía el derecho legal de responderle del mismo modo. Se daba permiso para cobrar las deudas, pagando mal por mal (ver Levítico 24:19; Éxodo 21:23–25). La ley era suprema. Jesús aún no había muerto para liberarlos.

Veamos cómo Él les habla a los creyentes bajo el nuevo pacto.

> Oísteis que fue dicho: Ojo por ojo, y diente por diente. Pero yo os digo: No resistáis al que es malo; antes, a cualquiera

que te hiera en la mejilla derecha, vuélvele también la otra; y al que quiera ponerte a pleito y quitarte la túnica, déjale también la capa; y a cualquiera que te obligue a llevar carga por una milla, ve con él dos. Al que te pida, dale; y al que quiera tomar de ti prestado, no se lo rehúses.

—MATEO 5:38–42, ÉNFASIS AÑADIDO

Jesús elimina las zonas grises e intermedias en los conflictos. En realidad, lo que dice es que nuestra actitud debe estar tan lejos de procurarnos la venganza por nuestra propia mano, que estemos dispuestos a aceptar la posibilidad de que vuelvan a aprovecharse de nosotros.

Cuando deseamos corregir el mal que se nos ha hecho, nos ponemos en el rol de jueces. El siervo que no perdonó en Mateo 18 lo hizo cuando envió a su consiervo a la cárcel. A su vez, este desafortunado siervo fue entregado a los atormentadores, y su familia fue vendida hasta pagarlo todo.

Debemos dejarle su lugar al Juez justo. Él recompensa con justicia. Sólo Él ejecuta una justa venganza.

Me encontraba ministrando sobre el tema de la ofensa en una iglesia de Tampa, Florida. Después de la reunión, una mujer vino a verme. Me dijo que había perdonado a su antiguo esposo por todo lo que él había hecho, pero que mientras me escuchaba hablar de perdonar las ofensas, comprendió que aún no tenía paz en su interior y se sentía muy incómoda.

—Usted aún no lo ha perdonado —le dije suavemente.

—Sí, lo perdoné —dijo ella—. He llorado lágrimas de perdón.

—Puede haber llorado, pero aún no lo ha liberado.

Ella insistió en que yo estaba equivocado, que ella había perdonado a su antiguo esposo.

—No quiero nada de él. Ya lo he dejado en libertad.

—Dígame qué le hizo —le pregunté.

—Mi esposo y yo éramos pastores de una iglesia. Él me dejó junto con nuestros tres hijos y se escapó con una mujer muy influyente de la iglesia —confesó mientras sus ojos se llenaban de lágrimas—. Dijo que no había seguido la voluntad de Dios al casarse conmigo, porque la perfecta voluntad de Dios para él era que se casara con la mujer con la que huyó. Me dijo que ella era una ventaja para su ministerio porque lo apoyaba mucho más que yo. Que yo era un obstáculo. Que criticaba demasiado. Me echó toda la culpa de la ruptura de nuestro matrimonio. Jamás ha regresado ni ha admitido su parte de culpa.

Este hombre estaba obviamente engañado y le había hecho un gran mal a su esposa y su familia. Ella había sufrido mucho a consecuencia de sus actos y ahora esperaba que él pagara su deuda. No se trataba de alimentos ni de dinero para ella o los niños, ya que el nuevo esposo de esta mujer le proveía todo esto. La deuda que ella deseaba que su anterior esposo le pagara era admitir que él había estado equivocado y ella en lo cierto.

—Usted no lo perdonará hasta que él venga a decirle que estaba equivocado, que fue culpa de él y no suya, y le pida perdón. Este es el pago pendiente que la ha tenido atada hasta ahora —le señalé.

Si Jesús hubiera esperado que nosotros viniéramos a Él y nos disculpáramos, diciendo: "Nosotros estábamos equivocados. Tú tenías razón. Perdónanos", no nos habría perdonado en la cruz. Mientras estaba sobre el madero, Él clamó: "Padre, perdónalos, porque no saben lo que hacen" (Lucas 23:34). Nos perdonó antes de que viniéramos a Él confesando la ofensa que le habíamos causado. Las palabras del apóstol Pablo nos amonestan: "De la manera que Cristo os perdonó, así también hacedlo vosotros" (Colosenses 3:13). Y "sed benignos unos con otros, misericordiosos, perdonándoos unos a otros, como Dios también os perdonó a vosotros en Cristo" (Efesios 4:32).

Cuando le dije a esta mujer: "Usted no lo perdonará hasta que él le diga: 'Yo estaba equivocado; tú tenías razón'", comenzaron a caer lágrimas de sus ojos. Lo que ella deseaba parecía muy poco en comparación con el dolor que él le había producido a ella y sus hijos. No obstante, esta mujer estaba atada a la justicia humana. Se había puesto en el lugar del juez, y reclamaba su derecho al pago de la deuda. Esta ofensa había sido un obstáculo en su relación con su nuevo esposo. También había afectado todas sus relaciones con autoridades masculinas, ya que su anterior esposo había sido al mismo tiempo su pastor.

Muchas veces Jesús comparó la condición de nuestro corazón con la de la tierra. Se nos advierte que debemos estar arraigados y cimentados en el amor de Dios. La semilla de la Palabra de Dios echará entonces raíces en nuestros corazones, crecerá y finalmente producirá el fruto de justicia. Este fruto es amor, gozo, paz, paciencia, benignidad, bondad, fe, mansedumbre y templanza (ver Gálatas 5:22, 23).

Sin embargo, la tierra producirá solamente aquello que en ella se plante. Si plantamos semillas de deuda, falta de perdón y ofensa, en lugar del amor de Dios crecerá otra raíz. Su nombre es "raíz de amargura".

Francis Frangipane dio una excelente definición de la amargura: "La amargura es una venganza no consumada".[1] Se produce cuando la venganza no es satisfecha hasta el grado que lo deseamos.

El autor del libro de Hebreos habló directamente sobre este tema.

Seguid la paz con todos, y la santidad, sin la cual nadie verá al Señor. Mirad bien, no sea que alguno deje de alcanzar la gracia de Dios; que brotando alguna raíz de amargura, os estorbe, y por ella muchos sean contaminados.

—HEBREOS 12:14–15, ÉNFASIS AÑADIDO

Observemos las palabras "muchos sean contaminados". ¿Serán éstos los "muchos" que Jesús dijo que tropezarán o se ofenderán en los últimos días (ver Mateo 24:10)?

La amargura es una raíz. Si las raíces se cuidan (regándolas, protegiéndolas, alimentándolas y prestándoles atención) aumentan en profundidad y fuerza. Si no se destruyen rápidamente, es difícil extraerlas. La fuerza de la ofensa crece. Por lo tanto, se nos exhorta a que no dejemos que el sol se ponga sobre nuestro enojo (ver Efesios 4:26). De otro modo, en vez de producir fruto de justicia, veremos una cosecha de ira, resentimiento, celos, odio, contiendas y discordias. Jesús dijo que estos eran malos frutos (ver Mateo 7:19–20).

La Biblia dice que una persona que no busca la paz perdonando las ofensas finalmente será contaminada. Lo que es precioso acabará siendo corrompido por la suciedad de la falta de perdón.

UN HEREDERO AL TRONO CONTAMINADO

Al comienzo de este libro vimos que David le fue leal al rey Saúl aun cuando Saúl no le fue leal a él. David no buscó vengarse, incluso cuando tuvo dos oportunidades de hacerlo. David era un hombre conforme al corazón de Dios. Permitió que Dios juzgara entre Saúl y él. Cuando el juicio de Dios cayó sobre Saúl, David no se regocijó. Se lamentó por Saúl y no guardó amargura hacia él.

Después de la muerte de Saúl, David ascendió al trono. Fortaleció la nación, disfrutó de mucho éxito militar y económico, y aseguró el reino. Se casó con muchas mujeres que le dieron hijos, incluyendo a Amnón, su hijo mayor, y a Absalón, su tercer hijo.

Amnón cometió una terrible ofensa contra su media hermana, Tamar, que era hermana de Absalón. Él simuló estar enfermo y le pidió a su padre que enviara a Tamar para que le diera algo de comida. Cuando ella lo hizo, les ordenó a los sirvientes que salieran y la violó. Luego la despreció e hizo que la apartaran de su vista. Había provocado la desgracia de una princesa real virgen, cuya vida estaría de allí en adelante devastada por la vergüenza (ver 2 Samuel 13).

Sin decir palabra a su medio hermano, Absalón acogió a su hermana en su propio hogar y le proveyó todo lo que necesitaba. Sin embargo, Absalón odiaba a Amnón por haber contaminado a Tamar.

Absalón esperaba que su padre castigara a su medio hermano. El rey David se enfureció cuando supo del malvado hecho que Amnón había cometido, pero no actuó. Absalón se sintió destrozado al ver que su padre no hacía justicia.

En un tiempo, Tamar había vestido las túnicas reales reservadas para las hijas vírgenes del rey; ahora estaba revestida de vergüenza. Había sido una joven hermosa y probablemente todo el pueblo la estimaba en gran manera. Ahora vivía recluida y no podría casarse, pues ya no era virgen.

Era injusto. Ella había asistido a Amnón por pedido del rey y había sido violada. Su vida había terminado, mientras que el hombre que cometiera esa atrocidad vivía como si nada hubiera ocurrido. Ella tenía que soportar todo el peso de la situación, y su vida estaba destrozada.

Día tras día, Absalón veía sufrir a su hermana. La existencia perfecta de una princesa se había convertido en una pesadilla. Su hermano esperó durante un año que su padre hiciera algo, pero David no hizo nada. Absalón se sentía ofendido con su padre y odiaba al malvado Amnón.

Después de dos años, su odio hacia Amnón hizo que surgiera un plan para asesinarlo. Probablemente pensó: Yo mismo vengaré a mi hermana, ya que las autoridades correspondientes prefieren no hacer nada.

Absalón preparó una gran fiesta para todos los hijos del rey. Amnón no sospechó nada, y Absalón hizo que lo asesinaran. Después de consumar su venganza contra Amnón, huyó a Gesur. Sin embargo, la ofensa que aún mantenía contra su padre se hizo más fuerte, en especial mientras se encontraba fuera del palacio.

Los pensamientos de Absalón estaban emponzoñados de amargura. Se volvió un crítico experto de las debilidades de David. No obstante, esperaba que su padre lo llamara. David no lo hizo. Y esto aumentó todavía más el resentimiento de Absalón.

Quizá pensaba algo así: Mi padre tiene el respeto del pueblo, pero ellos no conocen cómo es él en realidad. Es sólo un egoísta que usa a Dios como fachada. ¡Es peor que el rey Saúl! Saúl perdió su trono por no matar al rey de los amalecitas y guardarse algunos ejemplares de su mejor ganado de ovejas y bueyes. Mi padre ha cometido adulterio con la esposa de uno de sus hombres más leales. Luego ocultó su pecado matando al hombre que fue leal a él. Es un asesino y un adúltero. ¡Por eso no castigó a Amnón! Y cubre todo eso con su falsa adoración a Jehová.

Absalón estuvo en Gesur durante tres años. David se había consolado de la muerte de Amnón, y Joab había convencido al rey de que hiciera regresar a Absalón al hogar. Con todo, David aún se resistía a encontrarse cara a cara con Absalón. Pasaron dos años más, y finalmente Absalón volvió a gozar del favor del rey, quien le devolvió todos sus privilegios. Sin embargo, la ofensa que Absalón abrigaba en su corazón continuaba tan fuerte como antes.

Absalón era un experto en mantener las apariencias. Antes de asesinar a su hermano, "Absalón no habló con Amnón ni malo ni bueno; aunque Absalón aborrecía a Amnón" (2 Samuel 13:22). Muchas personas logran esconder su ofensa y su odio como lo hizo Absalón.

Con su actitud crítica y la ofensa que abrigaba en su corazón, Absalón comenzó a atraer hacia sí a todos los que estaban descontentos. Se puso a disposición de todo Israel y se tomó el tiempo necesario para escuchar todas las quejas. Se lamentaba, diciendo que las cosas serían diferentes si él fuera rey. Juzgaba los pleitos, ya que aparentemente el rey no tenía tiempo para ellos. Quizá Absalón juzgaba en esos casos porque sentía que en el suyo no se había hecho justicia.

Aparentemente se preocupaba mucho por la gente. La Biblia dice que Absalón le robó los corazones del pueblo de Israel a su padre. No obstante, ¿de veras se interesaba por ellos, o solamente estaba buscando la forma de derrocar a David, el hombre que lo había ofendido?

EXPERTOS EN EL ERROR

Absalón atrajo a Israel hacia él y se levantó en contra del rey David. Este debió huir a Jerusalén para salvar su vida. Parecía que Absalón establecería su propio reino. Sin embargo, murió mientras perseguía a David, aunque éste había ordenado que nadie le hiciera daño.

En realidad, lo que mató a Absalón fue su propia amargura por la ofensa que le había sido infligida. El hombre que tenía tanto potencial, el heredero al trono, murió en la flor de su vida porque se negó a perdonar la deuda que pensaba que su padre tenía con él. Y terminó contaminándose.

Los asistentes de los líderes en las iglesias muchas veces se sienten ofendidos con las personas a las que sirven. Pronto comienzan a criticarlas y se vuelven expertos en señalar todo lo que su líder o aquel que él o ella designa hace mal. Los colaboradores se ofenden. Su visión de la situación se distorsiona. Ven desde un punto de vista completamente diferente al de Dios.

Creen que su misión en la vida es liberar a quienes los rodean de un líder injusto. Se ganan los corazones de las personas descontentas, quejosas e ignorantes, y antes de darse cuenta de lo que sucede, acaban dividiendo a la iglesia o el ministerio. Justo como lo hiciera Absalón.

Algunas veces sus observaciones son correctas. Quizá David debió haber hecho algo para castigar a Amnón. Quizá un líder comete errores. No obstante, ¿quién es el juez, usted o el Señor? Recuerde que si sembramos discordia, cosecharemos contienda.

Lo que le ocurrió a Absalón y lo que sucede en los ministerios en la actualidad es un proceso, y como tal lleva tiempo. Muchas veces no nos damos cuenta de que se ha albergado una ofensa en nuestro corazón. La raíz de amargura apenas si puede distinguirse cuando recién comienza su desarrollo. Sin embargo, si es alimentada, crece y se fortalece. Como nos exhorta el autor de Hebreos, debemos mirar bien, "no sea que alguno deje de alcanzar la gracia de Dios; que brotando alguna raíz de amargura, os estorbe, y por ella muchos sean contaminados" (Hebreos 12:15).

Precisamos examinar nuestro corazón y estar dispuestos a recibir la corrección del Señor, porque sólo su Palabra puede discernir los pensamientos y las intenciones de nuestro corazón. El Espíritu Santo nos convence hablándonos por medio de nuestra conciencia. No debemos ignorar su convicción ni apagar al Espíritu. Si lo hemos hecho, necesitamos arrepentirnos delante de Dios y abrir nuestro corazón a su corrección.

Una vez, un ministro me preguntó si yo pensaba que había actuado como Absalón o como David en algo que había hecho. Él servía como asistente de un pastor en cierta ciudad, pero el pastor lo despidió. Parecía que el pastor principal estaba celoso y temeroso de este joven porque la mano de Dios estaba sobre él.

Un año más tarde, el ministro que había sido despedido creyó que el Señor deseaba que iniciara una iglesia en el otro lado de la ciudad. Así lo hizo, y algunas personas de la iglesia que había dejado vinieron a congregarse en su nueva iglesia. Él se sentía incómodo, ya que no deseaba actuar como Absalón, pero aparentemente no estaba ofendido con su anterior líder. Comenzó la nueva iglesia bajo la guía del Señor, no respondiendo a la falta de cuidado de la otra iglesia.

Le señalé la diferencia entre David y Absalón. Absalón robó los corazones del pueblo porque estaba ofendido con su líder. David alentó a los demás a que fueran leales a Saúl, aunque Saúl deseaba atacarlo. Absalón llevó hombres consigo; David se fue solo.

—¿Dejó usted la iglesia solo? —le pregunté—. ¿Hizo algo para motivar a las personas de esa congregación a que se fueran con usted o lo apoyaran?

—Me fui solo, y no hice nada para traer a nadie conmigo —me dijo.

—Está bien. Usted actuó como David. Asegúrese de que las personas que vengan a esta nueva iglesia no estén ofendidas con su antiguo pastor, y si lo están, ayúdelas a ser libres y sanas.

La iglesia de este hombre ahora está prosperando. Lo que más aprecié de él fue que no temió examinar su propio corazón. No sólo eso, sino que se sometió a un buen consejo. Para él era más importante someterse a la voluntad de Dios que el hecho de probar que tenía la razón de su lado.

No tema permitirle al Espíritu Santo que le revele cualquier falta de perdón o amargura. Mientras más la esconda, más fuerte se hará, y más se endurecerá su corazón. No permita que su corazón se endurezca. ¿Cómo puede evitarlo?

> Quítense de vosotros toda amargura, enojo, ira, gritería y maledicencia, y toda malicia. Antes sed benignos unos con otros, misericordiosos, perdonándoos unos a otros, como Dios también os perdonó a vosotros en Cristo.
>
> —EFESIOS 4:31–32

LAS MÁS TERRIBLES OFENSAS, AQUELLAS PARA LAS QUE NO ESTAMOS PREPARADOS, SON LAS QUE MÁS NOS HACEN CRECER.

¡Poseo un ejemplar de La trampa de Satanás! Este libro representa una gran bendición. Se lo he recomendado a muchas personas. Dios en realidad lo usó en mi vida. ¡Gracias!

—S. T., GEORGIA

13

CÓMO ESCAPAR DE LA TRAMPA

Y por esto procuro tener siempre una conciencia
sin ofensa ante Dios y ante los hombres.
—Hechos 24:16

Es necesario esforzarse para mantenerse libre de ofensas. Pablo compara esto con un ejercicio constante. Si ejercitamos nuestros cuerpos, seremos menos propensos a las lesiones. Cierta vez, estando en Hawai, me trepé a un muro para tomar una fotografía. Cuando lo hice, sometí a un gran esfuerzo a un grupo de músculos de mi rodilla y estuve sin poder caminar durante cuatro días.

"Si hubiera hecho ejercicio de forma continuada," me dijo el kinesiólogo, "esto no habría ocurrido. Como sus músculos están fuera de forma, usted tiene mayores probabilidades de sufrir lesiones".

Una vez que pude caminar, otro especialista me aconsejó: "Debe hacer estos ejercicios para que los músculos de la rodilla recobren la forma y la tonicidad adecuadas". Luego de unos pocos meses, la rodilla volvió a la normalidad.

La palabra griega que se traduce como "procuro" en el versículo citado es askeo. La misma hace referencia a ejercitarse por medio de un entrenamiento, una disciplina, algo que cuesta trabajo y dolor.[1]

Algunas veces otros nos ofenden y no nos resulta difícil perdonarlos. Hemos ejercitado nuestro corazón de tal manera que está en condiciones de manejar la ofensa; por lo tanto, no se produce ningún daño o lesión permanente.

Muchas personas podrían haber subido a ese muro sin lesionarse, ya que se encontraban en buen estado físico. De la misma manera, algunas personas están condicionadas para obedecer a Dios debido a que ejercitan de continuo su corazón. Nuestro grado de madurez determina hasta qué punto podremos manejar una ofensa sin resultar lesionados.

Algunas ofensas son mayores de lo que estamos preparados para soportar. Esta presión extra puede causar una herida o una lesión después de la cual deberemos ejercitarnos espiritualmente para estar libres y sanos de nuevo. Sin embargo, el resultado valdrá la pena el esfuerzo.

En este capítulo me referiré a esas ofensas extremas, intensas, que requieren de mayores esfuerzos para ser perdonadas.

En mi vida ocurrió un incidente que involucraba a una persona que estaba en el ministerio. La terrible ofensa que sufrí no era un hecho aislado, sino una de varias ofensas que esta persona me infligía, las cuales habían ido aumentando en intensidad durante un año y medio.

Todos los que me rodeaban sabían lo que sucedía. "¿No estás sufriendo?", me preguntaban. "¿Qué vas a hacer? ¿Te quedarás a un lado soportando esto?"

"Estoy bien", dije. "No me ha afectado. Continuaré con el llamado que Dios me ha hecho".

No obstante, mi respuesta era solamente producto del orgullo. Me sentía terriblemente herido, pero lo negaba, aun ante mí mismo. Pasaba horas tratando de comprender cómo era que me había sucedido esto. Estaba conmocionado, atónito, paralizado. Sin embargo, reprimía estos pensamientos y mostraba un rostro impasible, cuando en realidad me encontraba débil y profundamente herido.

Pasaron meses. Todo parecía marchitarse. El ministerio estaba estancado. Mi rincón de oración estaba vacío. Me sentía atormentado. Luchaba a diario contra los demonios. Pensaba que toda esta resistencia se debía al llamado que Dios me había hecho en la vida, pero en realidad se trataba del tormento de la falta de perdón. Cada vez que estaba cerca de ese hombre, salía sintiéndome espiritualmente vencido.

Entonces llegó una mañana que jamás olvidaré. Estaba sentado en el patio orando. En un momento pregunté: "Señor, ¿estoy herido?".

Tan pronto estas palabras salieron de mis labios, escuché un grito en lo profundo de mi espíritu: "¡Sí!".

Dios deseaba asegurarse de que yo supiera que estaba herido.

"Dios, por favor, ayúdame a librarme de esta herida y esta ofensa", le rogué. "Es demasiado para mí, no puedo manejarlo".

Esto era exactamente lo que el Señor deseaba; que llegara al final de mis fuerzas. Demasiadas veces intentamos hacer las cosas con la fortaleza de nuestra alma. Esto no nos hace crecer espiritualmente. Por el contrario, nos volvemos más susceptibles a las caídas.

El primer paso para la sanidad y la libertad es reconocer que estamos heridos. Muchas veces el orgullo no nos permite admitir que nos sentimos heridos y ofendidos. Una vez que admití mi verdadero estado, busqué al Señor y me dispuse a recibir su corrección.

Sentí que el Señor deseaba que ayunara durante algunos días. El ayuno me colocaría en una situación en la que sería sensible a la voz de su Espíritu, y me brindaría otros beneficios también.

> ¿No es más bien el ayuno que yo escogí, desatar las ligaduras de impiedad, soltar las cargas de opresión, y dejar ir libres a los quebrantados, y que rompáis todo yugo?
>
> —ISAÍAS 58:6

Estaba listo para que estas ataduras de maldad fueran rotas y pudiera ser libre de la opresión.

Unos días más tarde asistí a un funeral. El hombre que me había ofendido también estaba allí. Lo observé desde los últimos bancos de la iglesia y me eché a llorar.

"Señor, lo perdono. Lo libero de todo lo que ha hecho". De inmediato sentí que me quitaban un gran peso de encima. Lo había perdonado. ¡Qué alivio me inundó entonces!

No obstante, esto sólo era el comienzo de mi recuperación. Había perdonado en mi corazón, pero no tenía conciencia de la extensión de la herida. Aún era vulnerable y podía ser herido de nuevo. Era como recuperarme de una lesión física. Necesitaba ejercitarme, fortalecer mi corazón, mi mente y mis emociones para evitar futuras heridas.

¿QUÉ SUCEDE SI HAY RECAÍDAS?

Pasaron algunos meses. En ocasiones debía luchar para apartar pensamientos como los que había tenido antes de perdonar. Una persona que había sido herida de la misma forma venía a traerme su queja, o quizá veía a ese hombre o escuchaba su nombre. Rechazaba esos pensamientos tan pronto como los reconocía y los derribaba (ver 2 Corintios 10:5). Así me ejercitaba en la lucha por permanecer libre.

Finalmente, le pregunté al Señor cómo podía hacer para evitar que estos pensamientos volvieran a arrastrarme hacia la falta de perdón. Sabía que Él deseaba un nivel superior de libertad para mí, y no quería tener que vivir el resto de mi vida con la ofensa en las narices. El Señor me dijo que orara por el hombre que me había herido, recordándome sus palabras:

> Pero yo os digo: Amad a vuestros enemigos, bendecid a los que os maldicen, haced bien a los que os aborrecen, y orad por los que os ultrajan y os persiguen.
>
> —Mateo 5:44

Así que oré. Al principio, con voz seca y monótona, sin pasión alguna. Por obligación, agregaba: "Señor, bendícelo. Dale un buen día. Ayúdalo en todo lo que haga. En el nombre de Jesús, amén".

Esto continuó durante algunas semanas. Parecía que no sucedía nada. Entonces, una mañana, el Señor me mostró el Salmo 35. Yo no tenía idea de qué era lo que este salmo contenía, por lo que lo busqué y comencé a leer. Cuando llegué a mitad del capítulo, vi cuál era mi situación.

> Se levantan testigos malvados; de lo que no sé me preguntan; me devuelven mal por bien, para afligir a mi alma.
>
> —Salmo 35:11–12

Podía identificarme con David. En mi opinión, tanto ese hombre como algunos de sus colaboradores me habían pagado mal por bien. Mi alma estaba en verdad dolida. Dios estaba usando este salmo para señalar cuál había sido mi lucha durante estos últimos años. El pasaje siguiente casi me hizo saltar hasta el techo.

> Pero yo, cuando ellos enfermaron, me vestí de cilicio; afligí con ayuno mi alma, y mi oración se volvía a mi seno. Como

por mi compañero, como por mi hermano andaba; como el
que trae luto por madre, enlutado me humillaba.
—Salmo 35:13–14, énfasis añadido

David decía que estos hombres estaban tratando de destruirlo.
Lo atacaban con maldad, aun cuando no había hecho nada para
merecerlo.

Entonces llegó mi respuesta: "Pero yo…"

La respuesta de David no estaba basada en las acciones de los
demás. Él estaba decidido a hacer lo correcto, y por ello oraba por
esas personas como si fueran sus mejores amigos o como si estuviera
lamentando la muerte de su madre. Dios me estaba mostrando cómo
orar por este hombre: "¡Ora que haga por él las mismas cosas que
deseas que yo haga por ti!".

Mis oraciones cambiaron por completo. Ya no decía: "Dios, bendícelo y dale un buen día". Mi oración se llenó de vida. Yo pedía:
"Señor, revélate a él en un grado mayor. Bendícelo con tu presencia. Que te conozca más íntimamente. Que sea agradable a ti y le dé
honor a tu nombre". Oraba por él pidiendo lo mismo que deseaba
que Dios hiciera en mi propia vida.

Cuando casi hacía un mes que oraba por él apasionadamente, clamé con toda mi voz: "¡Te bendigo! ¡Te amo en el nombre de
Jesús!". Fue un grito que brotó de lo más profundo de mi espíritu.
Había pasado de orar por él por mi propio beneficio a hacerlo por
causa de él mismo. Ahora creía que la sanidad era total y completa.

SANIDAD EN LA CONFRONTACIÓN

Transcurrieron unas semanas más y volví a verlo. En mi corazón aún
sentía algo levemente incómodo. Todavía luchaba por no criticarlo.

"Debes hablar con él, John", me instaba mi esposa.

"No", le aseguraba yo. "Ahora ya estoy sanado".

Sin embargo, sentí que el Espíritu Santo no daba testimonio de lo
que acababa de decir, así que le pregunté al Señor si debía ir a verlo.
Me contestó que sí.

Hice una cita con este hombre y le llevé un presente. Me humillé,
confesé mi mala actitud y le pedí su perdón. Nos reconciliamos, y el
perdón y la sanidad inundaron mi corazón.

Salí de su oficina sanado y fortalecido. Ya no tenía que luchar contra el dolor ni volví a criticarlo. Nuestra relación ha sido sólida desde ese momento, y nunca hemos vuelto a tener problemas. En verdad, nos apoyamos mucho.

"Cuando conocí a ese hombre," le conté a Lisa, "él no tenía ningún defecto para mí. No podía hacer nada mal. Lo amaba porque pensaba que era perfecto. No obstante, cuando me hirió, me resultó difícil amarlo. Tuve que recurrir a toda mi fe. Ahora que he pasado por este proceso de restauración y he sido sanado, lo amo con la misma intensidad que cuando lo conocí, a pesar de sus fallas. Es un amor maduro".

Me vino a la mente este versículo:

Y ante todo, tened entre vosotros ferviente amor; porque el amor cubrirá multitud de pecados.

—1 Pedro 4:8

Es fácil amar a los que según nosotros no se equivocan jamás. Ese es un amor similar al de la luna de miel. Otra cosa es amar a alguien cuando podemos ver sus fallas, en especial cuando hemos sido sus víctimas. El amor de Dios estaba haciéndome madurar, fortaleciendo mi corazón.

Desde entonces, han sucedido incidentes similares, pero pude olvidar la ofensa con rapidez, ya que mi corazón estaba ejercitado para mantenerse libre de ofensas.

Pasaron varios meses desde el momento en que Dios me habló estando en mi patio hasta que salí sano de la oficina de ese hombre. Fue un período de entrenamiento en el cual mi corazón se ejercitó y se fortaleció. Durante esos meses, algunas veces me parecía que no llegaba a ninguna parte. En realidad, me preguntaba si todo no estaría aún peor.

Sin embargo, estaba avanzando hacia mi recuperación. El Espíritu de Dios me guiaba a un paso que yo pudiera seguir. Esto fue parte de mi proceso de madurez. No cambiaría por nada esa experiencia, y estoy agradecido por el crecimiento que permitió en mi vida.

MADUREZ POR MEDIO DE LAS DIFICULTADES

Crecemos en los tiempos difíciles, no en los fáciles. En nuestro andar con el Señor siempre habrá momentos difíciles. No podemos escapar de ellos, sino que necesitamos enfrentarlos, ya que son parte del proceso de llegar a ser perfectos en Él. Si decidimos huir de ellos, estamos entorpeciendo seriamente nuestro crecimiento.

A medida que superemos diversos obstáculos, seremos más fuertes y más compasivos. Nos enamoraremos más de Jesús. Si usted ha pasado por dificultades y no se siente de esta forma, probablemente no se haya recuperado de la ofensa. La decisión de recuperarse es suya. Algunas personas resultan heridas y nunca se recuperan. Puede sonar cruel, pero ellos lo prefirieron así.

Jesús aprendió la obediencia por medio de las cosas que sufrió. Pedro aprendió la obediencia por medio de las cosas que sufrió. Pablo aprendió la obediencia por medio de las cosas que sufrió. ¿Y usted? ¿Ha aprendido? ¿O está endurecido, frío, amargado y resentido? Si es así, no aprendió la obediencia.

Sí, es cierto que hay ofensas que no desaparecen rápidamente. Tendrá que trabajar en ellas y luchar para ser libre. No obstante en ese proceso crecerá y madurará.

La madurez no se obtiene fácilmente. Si así fuera, todos la alcanzarían. Pocos llegan a ese nivel en la vida, porque deben enfrentar mucha resistencia. Y existe resistencia porque el camino que sigue nuestra sociedad no es el de agradar a Dios, sino el del egoísmo. El mundo está dominado por el "príncipe de la potestad del aire" (Efesios 2:2). Como consecuencia, para alcanzar la madurez de Cristo habrá dificultades que son el resultado de ir en contra de esa corriente de egoísmo.

Pablo había regresado a tres ciudades donde había fundado iglesias. Su propósito era fortalecer las almas de los discípulos. Sin embargo, es interesante observar cómo las fortalecía. Él los alentaba:

> …confirmando los ánimos de los discípulos, exhortándoles a que permaneciesen en la fe, y diciéndoles: Es necesario que a través de muchas tribulaciones entremos en el reino de Dios.
> —Hechos 14:21–22

No les prometía una vida fácil. No les prometía el éxito según los parámetros del mundo. Les mostraba que para terminar la carrera con gozo debían enfrentar mucha resistencia, que él llamaba "tribulaciones".

Si estamos remando contra la corriente en un río, tendremos que remar continuamente para poder avanzar en contra del sentido en el que corre el agua. Si dejamos de hacerlo y descansamos, acabaremos siguiendo la corriente. Cuando estamos decididos a seguir el camino de Dios, encontraremos muchas tribulaciones. Las pruebas nos mostrarán la respuesta a una pregunta fundamental: ¿Cuidaremos de nosotros mismos, como lo hace el mundo, o viviremos la vida negándonos a nosotros mismos?

Recordemos que cuando perdemos nuestra vida por amor a Cristo, hallamos su vida. Aprendamos a concentrarnos en el resultado final, no en la lucha.

Pedro lo expresó muy bien:

> Amados, no os sorprendáis del fuego de prueba que os ha sobrevenido, como si alguna cosa extraña os aconteciese, sino gozaos por cuanto sois participantes de los padecimientos de Cristo, para que también en la revelación de su gloria os gocéis con gran alegría.
>
> —1 Pedro 4:12–13

Observemos que Pedro compara el nivel de sufrimiento con el nivel de regocijo. ¿Cómo podemos regocijarnos hasta tal punto? Cuando su gloria se revele, seremos glorificados con Él. Esta glorificación se dará en la medida que permitamos que Él perfeccione su carácter en nosotros. Así que, no mire la ofensa. Observe la gloria venidera. ¡Aleluya!

ES MÁS IMPORTANTE AYUDAR A UN HERMANO QUE TROPIEZA QUE PROBAR QUE ESTAMOS EN LO CIERTO.

Tengo dieciocho años de edad. Provengo de un hogar integrado por una madre soltera, una hermana gemela idéntica y una maravillosa familia extendida. Nunca conocí a mi padre biológico y había albergado en mi corazón una gran falta de perdón hacia él durante toda mi vida. Mi abuelo, un extraordinario hombre de Dios, me dio el libro La trampa de Satanás para que lo leyera. Después de hacerlo, fui capaz de perdonar por completo a mi padre.

—N. M., NUEVO MÉXICO

14

OBJETIVO: RECONCILIACIÓN

> Oísteis que fue dicho a los antiguos: No matarás; y
> cualquiera que matare será culpable de juicio. Pero yo
> os digo que cualquiera que se enoje contra su hermano,
> será culpable de juicio; y cualquiera que diga: Necio, a
> su hermano, será culpable ante el concilio; y cualquiera
> que le diga: Fatuo, quedará expuesto al infierno de fuego.
> Por tanto, si traes tu ofrenda al altar, y allí te acuerdas
> de que tu hermano tiene algo contra ti, deja allí tu
> ofrenda delante del altar, y anda, reconcíliate primero
> con tu hermano, y entonces ven y presenta tu ofrenda.
> —MATEO 5:21–24

Esta cita proviene del Sermón del Monte. Jesús comenzó diciendo: "Oísteis que fue dicho a los antiguos…" Y luego agregó: "Pero yo os digo…"

Jesús continúa la comparación en toda esta porción de su mensaje. Primero cita la ley que rige nuestras acciones externas. Luego muestra su cumplimiento llevándola al plano del corazón. Así que, a los ojos de Dios, no sólo es asesino el que le quita la vida a otro; también lo es el que odia a su hermano. ¡Lo que somos en nuestro corazón es lo que en realidad somos!

Jesús delinea claramente las consecuencias de la ofensa en este fragmento de su mensaje. Ilustra la gravedad de abrigar una ofensa amarga o un sentimiento de enojo. Si estamos enfadados con nuestro hermano sin causa, nos encontramos en peligro de juicio. Es posible que debamos enfrentar al concilio si ese enojo da fruto y le llamamos a nuestro hermano "¡Raca!".[1]

La palabra raca significa "cabeza hueca", tonto o necio. Era una palabra de reproche que utilizaban los judíos en la época de Cristo. Si ese enojo llega hasta el punto en que le llamamos "fatuo" a un hermano, estamos en peligro de caer en el infierno. La palabra necio significa "sin Dios".[2] El necio dice en su corazón que no hay Dios (ver Salmo 14:1). En esa época, llamarle necio a un hermano era una acusación muy seria. Nadie diría tal cosa a menos que el enojo que abrigaba se hubiera convertido en odio. Hoy, sería algo comparable a decirle a un hermano: "¡Vete al infierno!", con toda la intención de que así suceda.

Jesús les estaba demostrando que si no se libraban del enojo, podían ser conducidos al odio. Y si no se libraban del odio, estarían en peligro de caer en el infierno. Luego dijo que si recordaban que su hermano estaba ofendido con ellos, su prioridad número uno debía ser buscarlo e intentar reconciliarse con él.

¿Por qué debemos buscar la reconciliación con tanta urgencia, por causa del hermano o por causa de nosotros mismos? Debemos hacerlo por causa de nuestro hermano, a fin de actuar como catalizadores para que pueda librarse de la ofensa. Aunque nosotros no estemos ofendidos con él, el amor de Dios no permite que el enojo continúe sin intentar alcanzar a la persona y restaurarla. Quizá no hayamos hecho nada malo. Eso no interesa. Es más importante que ayudemos a este hermano que ha tropezado que probar que estamos en lo cierto.

La cantidad de situaciones en que puede producirse una ofensa es ilimitada.

Quizá la persona que hemos ofendido cree que la tratamos injustamente, cuando en realidad no le hicimos ningún daño. Tal vez tenga información incorrecta, con lo cual ha sacado una conclusión equivocada.

Por otra parte, quizá la información que tenga sea cierta, pero haya sacado una conclusión errónea. Es posible que lo que dijimos haya sido muy distorsionado al ser procesado por los diversos canales de comunicación. Aunque nuestra intención no fuera causar daño, nuestras palabras y acciones dieron una impresión equivocada.

Muchas veces nos juzgamos a nosotros mismos por nuestras intenciones y a los demás por sus acciones. Es posible que tengamos intención de decir una cosa y comuniquemos algo totalmente diferente. Algunas veces nuestros verdaderos motivos están ocultos aun a nuestros propios ojos. Deseamos creer que son puros. Sin embargo, al filtrarlos por medio de la Palabra de Dios, los vemos de forma diferente.

Por último, quizá sí pecamos contra esa persona. Estábamos enojados o bajo presión, y ella recibió la descarga. O quizá esta persona nos ha estado atacando deliberadamente y con frecuencia, y le pagamos con la misma moneda.

No importa qué fue lo que causó la ofensa, el entendimiento de la persona está entenebrecido y ha basado sus juicios en presunciones, cosas oídas de terceros y apariencias, engañándose a sí misma aunque cree haber discernido nuestros verdaderos motivos. ¿Cómo podemos tener un juicio correcto sin la información exacta? Debemos ser sensibles al hecho de que esta persona cree con todo su corazón que le hemos hecho daño. Sea cual sea la razón por la que lo cree, debemos estar dispuestos a humillarnos y disculparnos.

Jesús nos exhorta a reconciliarnos aun cuando la ofensa no sea por nuestra culpa. Se necesita madurez para actuar humildemente con el fin de lograr la reconciliación. No obstante, dar el primer paso siempre es más difícil para el que sufre. Por eso Jesús le dijo a la persona que causó la ofensa: "anda".

PEDIRLE PERDÓN AL QUE ESTÁ OFENDIDO
El apóstol Pablo dijo:

> Así que, sigamos lo que contribuye a la paz y a la mutua edificación.
>
> —ROMANOS 14:19

Aquí vemos cómo debemos acercarnos a una persona que hemos ofendido. Si vamos con una actitud de frustración, no promoveremos la paz. Sólo haremos que las cosas sean más difíciles para la persona que está herida. Debemos mantener la actitud de buscar la paz por medio de la humildad a costa de nuestro orgullo. Esta es la única forma de lograr una verdadera reconciliación.

Algunas veces me he aproximado a una persona que había herido o que estaba enfadada conmigo, y me ha contestado mal. Me ha dicho que era egoísta, desconsiderado, duro, orgulloso, rudo y otras cosas.

Mi respuesta natural sería decir: "No, no soy así. ¡No me comprendes!". Sin embargo, cuando me defiendo, estoy avivando el fuego de la ofensa. Esto no es buscar la paz. Defendernos a nosotros mismos y a nuestros derechos nunca traerá verdadera paz.

En cambio, he aprendido a escuchar y mantener la boca cerrada hasta que la persona haya dicho todo lo que necesita decir. Si no estoy de acuerdo, le hago saber que respeto lo que ha dicho y que examinaré mi actitud y mis intenciones. Luego le digo que lamento haberla herido.

Otras veces, lo que la persona dice sobre mí es cierto. Entonces lo admito: "Tienes razón. Te pido que me perdones".

Una vez más, simplemente se trata de humillarnos para conseguir la reconciliación. Quizá es por esto que en los versículos siguientes Jesús dijo:

> Ponte de acuerdo con tu adversario pronto, entre tanto que estás con él en el camino, no sea que el adversario te entregue al juez, y el juez al alguacil, y seas echado en la cárcel. De cierto te digo que no saldrás de allí, hasta que pagues el último cuadrante.
>
> —MATEO 5:25–26

El orgullo se defiende. La humildad acepta y dice: "Tienes razón. Actué de esa forma. Por favor, perdóname".

> Pero la sabiduría de lo alto es primeramente pura, después pacífica, amable, condescendiente, llena de misericordia y de buenos frutos, sin vacilación, sin hipocresía.
>
> —SANTIAGO 3:17 (LA BIBLIA DE LAS AMÉRICAS, ÉNFASIS AÑADIDO)

La sabiduría de lo alto está dispuesta a ceder. No es rígida ni obstinada en lo relativo a los conflictos personales. Una persona sometida a la sabiduría divina no teme ceder ni aceptar el punto de vista de la otra persona mientras esto no signifique violar la verdad.

ACERCARNOS AL QUE NOS HA OFENDIDO

Ahora que hemos hablado de qué hacer cuando ofendemos a nuestro hermano, veamos qué debemos hacer si nuestro hermano nos ofende a nosotros.

Por tanto, si tu hermano peca contra ti, ve y repréndele estando tú y él solos; si te oyere, has ganado a tu hermano.

—Mateo 18:15

Muchas personas aplican este versículo de la Biblia con una actitud diferente a la que Jesús tenía en mente. Si han sido heridas, van y confrontan a quien las ofendió con un espíritu de venganza y enojo. Utilizan este versículo como justificación para condenar a aquel que los ha herido.

No obstante, se equivocan en cuanto a la razón por la que Jesús nos dijo que nos acercáramos al otro. No es para condenarlo, sino para reconciliarnos. Él no desea que le digamos a nuestro hermano cuán malvado ha sido con nosotros. Debemos cerrar la brecha que evita la restauración de nuestra relación.

Esto representa un paralelo de cómo Dios nos restaura a sí mismo. Nosotros hemos pecado contra Dios, pero Él "muestra su amor para con nosotros, en que siendo aún pecadores, Cristo murió por nosotros" (Romanos 5:8). ¿Estamos dispuestos a dejar a un lado nuestra autoprotección y morir al orgullo para ser restaurados ante aquel que nos ha ofendido? Dios vino a buscarnos antes de que nosotros le pidiéramos perdón. Jesús decidió perdonarnos aun antes de que reconociéramos que lo habíamos ofendido.

Aunque Él vino a buscarnos, no podíamos reconciliarnos con el Padre hasta que recibiéramos su palabra de reconciliación.

Y todo esto proviene de Dios, quien nos reconcilió consigo mismo por Cristo, y nos dio el ministerio de la reconciliación; que Dios estaba en Cristo reconciliando consigo al mundo, no tomándoles en cuenta a los hombres sus pecados, y nos encargó a nosotros la palabra de la reconciliación. Así que, somos embajadores en nombre de Cristo, como si Dios rogase por medio de nosotros; os rogamos en nombre de Cristo: Reconciliaos con Dios.

—2 Corintios 5:18–20, énfasis añadido

La palabra de la reconciliación comienza sobre la base común de que todos hemos pecado contra Dios. No desearemos la reconciliación o la salvación a menos que sepamos que existe una separación.

En el Nuevo Testamento, los discípulos predicaban que el pueblo había pecado contra Dios. Sin embargo, ¿para qué decirles a las personas que han pecado? ¿Para condenarlas? Dios no las condena. "Porque no envió Dios a su Hijo al mundo para condenar al mundo, sino para que el mundo sea salvo por él" (Juan 3:17). ¿O es para llevarlas al punto en que comprendan cuál es su situación, se arrepientan de su pecado y pidan perdón?

¿Qué es lo que conduce al arrepentimiento? La respuesta se encuentra en Romanos 2:4 (énfasis añadido):

¿O menosprecias las riquezas de su benignidad, paciencia y longanimidad, ignorando que su benignidad te guía al arrepentimiento?

La benignidad de Dios nos lleva al arrepentimiento. Su amor no nos deja condenados al infierno. Él demostró que nos ama enviando a la cruz a su Hijo, Jesús, para que muriera por nosotros. Dios nos busca primero, aunque hemos pecado contra Él. Y nos busca no para condenarnos, sino para restaurarnos...para salvarnos.

Dado que debemos imitar a Dios (ver Efesios 5:1), precisamos extenderle la reconciliación al hermano que peca contra nosotros. Jesús estableció este parámetro: Ve y muéstrale su pecado, no para condenarlo, sino para quitar del medio cualquier cosa que los separe, a fin de poder ser reconciliados y restaurados. La benignidad de Dios en nosotros llevará a nuestro hermano al arrepentimiento y la relación será restaurada.

Yo pues, preso en el Señor, os ruego que andéis como es digno de la vocación con que fuisteis llamados, con toda humildad y mansedumbre, soportándoos con paciencia los unos a los otros en amor, solícitos en guardar la unidad del Espíritu en el vínculo de la paz.

—Efesios 4:1–3

Guardamos este vínculo de la paz manteniendo una actitud de humildad, paciencia y mansedumbre, soportando las mutuas flaquezas con amor. De esta forma, los lazos del amor se fortalecen.

He pecado contra algunas personas que luego me confrontaron para condenarme. Por lo tanto, perdí todo el deseo de reconciliarme con ellas. En realidad, creo que no deseaban la reconciliación; sólo querían que supiera que estaban enfadadas conmigo.

Otras personas a las que les hice daño han venido a verme con gran mansedumbre. Entonces rápidamente cambié mi punto de vista y les pedí perdón…algunas veces incluso antes de que hubieran terminado de hablar.

¿Alguna vez vino alguien a decirle: "Sólo quiero que sepas que te perdono por no ser un buen amigo y por no hacer esto o aquello por mí"?.

Luego, después de aplastarlo con esa frase, le echan una mirada que dice: "Me debes una disculpa".

Usted se queda sorprendido y confundido, herido. No vinieron a reconciliarse con usted para restaurar la relación, sino a intimidarlo y controlarlo.

No debemos aproximarnos a un hermano que nos ha ofendido hasta que hayamos decidido de corazón perdonarlo, sin importar cómo nos responda. Necesitamos quitarnos de encima cualquier animosidad hacia él antes de acercarnos. Si no lo hacemos, probablemente reaccionaremos siguiendo esos sentimientos negativos y lo heriremos en lugar de sanarlo.

¿Qué sucede si tenemos la actitud correcta y tratamos de reconciliarnos con alguien que ha pecado contra nosotros, pero esa persona no nos escucha?

> Mas si no te oyere, toma aún contigo a uno o dos, para que en boca de dos o tres testigos conste toda palabra. Si no los oyere a ellos, dilo a la iglesia; y si no oyere a la iglesia, tenle por gentil y publicano.
>
> —Mateo 18:16–17

Cada una de estas progresiones tiene la misma meta: la reconciliación. Básicamente, Jesús estaba diciendo: "Sigue intentándolo". Observemos que el que causó la ofensa está involucrado en cada una de las etapas. ¡Cuántas veces acudimos con nuestras ofensas a todos los demás antes de ir a aquel que ha pecado contra nosotros, como lo haría Jesús! Hacemos esto porque no hemos examinado el interior de nuestro propio corazón. Nos sentimos justificados al contarles a todos los demás nuestra versión del asunto. Nos fortalece y nos consuela cuando los otros concuerdan en que hemos sido maltratados. Este tipo de comportamiento es sólo una muestra de egoísmo.

EN RESUMEN

Si conservamos como motivación el amor de Dios, no fallaremos. El amor nunca falla. Cuando amamos a los demás de la forma en que Jesús nos ama, seremos libres, aunque la otra persona prefiera no reconciliarse con nosotros. Observe con cuidado el siguiente versículo. La sabiduría de Dios está disponible para cada situación.

> Si es posible, en cuanto dependa de vosotros, estad en paz con todos los hombres.
>
> —ROMANOS 12:18

Él dice: "Si es posible…" porque hay momentos en que otras personas se negarán a estar en paz con nosotros. O quizá pongan condiciones para la reconciliación que comprometerían nuestra relación con el Señor. En cualquiera de estos casos, no es posible restaurar la relación.

Observemos que Dios también dice: "en cuanto dependa de vosotros". Debemos hacer todo lo que podamos para reconciliarnos con la otra persona mientras continuemos siendo leales a la verdad. Muchas veces nos damos por vencidos demasiado pronto.

Nunca olvidaré el momento en que un amigo me aconsejó no retirarme en una situación muy frustrante. "John, sé que puedes encontrar razones bíblicas para retirarte. Sin embargo, antes de hacerlo, asegúrate de haber luchado en oración y de intentar todo lo posible para traer la paz de Dios sobre esta situación".

Luego agregó: "Si un día miras hacia atrás y te preguntas si en realidad hiciste todo lo que podías para salvar esta relación, lo lamentarás. Es mejor saber que ya no te queda otro recurso y que hiciste todo lo posible sin comprometer la verdad".

Agradecí mucho su consejo y reconocí en él la sabiduría de Dios.

Recordemos las palabras de Jesús:

> Bienaventurados los pacificadores, porque ellos serán llamados hijos de Dios.
>
> —MATEO 5:9

El Señor no dijo: "Bienaventurados los que sacrifican todo por mantener la paz". Estas personas evitan cualquier tipo de confrontación con tal de preservar la paz, aun arriesgándose a comprometer la verdad. No obstante, la paz que mantienen no es una paz verdadera. Es una paz superficial y quebradiza, que no perdura.

Un pacificador confronta con amor, con la verdad en la mano, de modo que la reconciliación resultante permanezca. No mantiene una relación artificial y superficial. Desea sinceridad, verdad y amor. Se niega a esconder la ofensa tras una sonrisa amable. Logra la paz con un amor osado que no puede fallar.

Dios actúa de esa manera con la humanidad. Él no desea que ninguno perezca. Con todo, no comprometerá la verdad por una relación. Él busca una reconciliación con un verdadero compromiso, no en términos superficiales. Esto desarrolla un lazo de amor que ningún mal puede cortar. Él ha entregado su vida por nosotros. Sólo podemos hacer lo mismo.

Recuerde que todo esto se resume en una sola cosa: el amor de Dios. Este amor nunca falla, nunca desaparece, nunca tiene fin. No busca su propio bien. No se ofende fácilmente (ver 1 Corintios 13).

El apóstol Pablo escribió que el amor cubriría multitud de pecados.

> Y esto pido en oración, que vuestro amor abunde aun más y más en ciencia y en todo conocimiento, para que aprobéis lo mejor, a fin de que seáis sinceros e irreprensibles [sin ofensas] para el día de Cristo, llenos de frutos de justicia que son por medio de Jesucristo, para gloria y alabanza de Dios.
> —FILIPENSES 1:9–11, ÉNFASIS AÑADIDO

El amor de Dios es la clave para ser libres de la trampa de la ofensa. Debe ser un amor abundante, que crezca continuamente y se fortalezca en nuestros corazones.

En nuestra sociedad hay muchas personas engañadas por un amor superficial que habla, pero no actúa. El amor que evitará que tropecemos entrega su vida sin egoísmo, aun si el beneficiado es su enemigo. Cuando practicamos esta clase de amor, no somos engañados ni caemos en la trampa de Satanás.

Epílogo

ES HORA DE ACTUAR

Al leer este libro, quizá el Espíritu del Señor le haya recordado algunas relaciones en el pasado o el presente de su vida en las que ha guardado algo en contra de alguna persona. El Señor me ha indicado que lo invite a hacer una sencilla oración conmigo.

No obstante, antes de orar, pídale al Espíritu Santo que recorra con usted su pasado, trayendo a su memoria a cualquier persona contra la cual haya abrigado alguna ofensa. Permanezca en silencio delante de Él mientras le muestra quiénes son esas personas. No es necesario que rebusque intentando encontrar algo que en realidad no existe. Él traerá a esas personas a su mente sin lugar a dudas. Mientras lo hace, quizá recuerde el dolor que le hicieron experimentar. No tema. Dios estará a su lado para reconfortarlo.

A fin de liberar a estas personas de toda culpa por lo que le han hecho, imagine a cada una de ellas individualmente. Perdone a cada una de una forma personal. Cancele la deuda que tienen con usted. Luego ore guiándose por las siguientes palabras, pero no se limite a ellas. Utilícelas como guía y déjese conducir por el Espíritu de Dios.

Padre, en el nombre de Jesús, reconozco que he pecado contra ti al no perdonar a los que me han ofendido. Me arrepiento de esto y te pido perdón.

También reconozco que no puedo perdonarlos sin tu ayuda. Por lo tanto, decido de corazón perdonar a [incluya el nombre de cada uno de forma individual].

Traigo todo el mal que estas personas me han hecho bajo la sangre de Jesús. Ya no me deben nada. Remito sus pecados contra mí.

Padre celestial, así como mi Señor Jesús te pidió que perdonaras a quienes habían pecado contra él, yo ruego que tu perdón caiga sobre aquellos que han pecado contra mí.

Te ruego que los bendigas y los lleves a una relación más estrecha contigo. Amén.

Ahora escriba los nombres de las personas que ha liberado en un diario y registre que en esta fecha usted tomó la decisión de perdonarlas.

Quizá tenga que ejercitarse para mantenerse libre de ofensas. (Relea el capítulo 13 si no comprende a qué me refiero.) Comprométase a orar por estas personas como oraría por usted mismo. El diario le ayudará a recordar. Si continúan bombardeándolo los pensamientos negativos, derríbelos con la Palabra de Dios y declare su decisión de perdonar. Usted ha pedido la gracia de Dios para hacerlo, y la falta de perdón no es tan poderosa como su gracia. Sea osado y pelee la buena batalla de la fe.

Cuando sepa que su corazón está fuerte y estable, acérquese a estas personas. Recuerde que su propósito al acercarse es reconciliarse para beneficio de ellos, no para el suyo propio. Al hacerlo, sellará la victoria. Ganará a un hermano (ver Mateo 28:15). Esto es agradable a los ojos de Dios.

Y a aquel que es poderoso para guardaros sin caída, y presentaros sin mancha delante de su gloria con gran alegría, al único y sabio Dios, nuestro Salvador, sea gloria y majestad, imperio y potencia, ahora y por todos los siglos. Amén.

—JUDAS 24—25

NOTAS

UNO—¿OFENDIDO, YO?

1. W. E. Vine, Merril Unger y William White Jr., An Expository Dictionary of Biblical Words [Diccionario Expositivo de Palabras Bíblicas] (De aquí en adelante denominado Vine's Expository Dictionary), Thomas Nelson, 1984. Definición de "ofensa, ofendido" (en inglés, offense, offended).

SEIS—HUIR DE LA REALIDAD

1. Vine's Expository Dictionary. Definición de "hijo" (en inglés, child).
2. Vine's Expository Dictionary. Definición de "hijo varón" (en inglés, son).
3. En la definición de "hijo varón" en Vine's Expository Dictionary of New Testament Words [Diccionario Expositivo de Palabras del Nuevo Testamento] (versión completa), el autor realiza estas significativas afirmaciones sobre la diferencia entre un hijo por nacimiento (teknon) y un hijo por semejanza (huios):

   "La diferencia entre los creyentes como 'hijos de Dios' teknon e 'hijos de Dios' huios se presenta en Romanos 8:14–21. El Espíritu da testimonio a nuestro espíritu de que son 'hijos de Dios', y como tales, sus herederos y coherederos con Cristo. Esto pone el énfasis en el hecho de que han nacido por medio del nacimiento espiritual (vv. 16, 17). Por otra parte, 'todos los que son guiados por el Espíritu de Dios, éstos son hijos de Dios' (es decir, 'éstos, y no otros'). Su conducta es prueba de la dignidad de su relación y su semejanza con el carácter de Dios.

   El Señor Jesús utilizó la palabra huios de forma muy significativa, como en Mateo 5:9: 'Bienaventurados los pacificadores, porque ellos serán llamados hijos de Dios', y en los vv. 44, 45: 'Pero yo os digo: Amad a vuestros enemigos [...] y orad por los que os ultrajan y os persiguen; para que seáis hijos de vuestro Padre que está en los cielos'. Los discípulos debían hacer estas cosas, no para convertirse en hijos de Dios, sino para siendo hijos (notemos el uso de 'vuestro Padre' a lo largo del texto), hacer manifiesto tal hecho en su carácter, es decir, ser 'llamados hijos'. Ver también 2 Corintios 6:17, 18".

   The Rockford Institute, Center on the Family in America [Instituto Rockford, Centro de la Familia en los Estados Unidos de América], Rockford, IL.

SIETE—EL CIMIENTO ESTABLE

1. Zondervan Topical Bible [Biblia Temática de Zondervan], Zondervan, 1969. Referencia a "Simón" (en inglés, Simon).
2. Vine's Expository Dictionary. Definición de "roca" (en inglés, rock).
3. Ídem.

OCHO—TODO LO QUE PUEDA SER CONMOVIDO, SERÁ CONMOVIDO

1. Logos Bible Study Software for Microsoft [Programa de estudio bíblico Logos para Microsoft], versión 1.6, Logos Research Systems Inc., Oak Harbor, WA, 1993. Definición de "zarandear" (en inglés, sift).
2. J. D. Douglas y otros editores, New Bible Dictionary [Nuevo Diccionario Bíblico], 1982. Segunda edición. Referencia a "Pedro" (en inglés, Peter).

ONCE—PERDÓN: SI NO SE DA, NO SE RECIBE

1. Diccionario Kapelusz de la Lengua Española, p. 1426.

DOCE—LA TRAMPA DE LA VENGANZA

1. Francis Frangipane, Three Battlegrounds [Tres campos de batalla], Advancing Church Publications, 1989, p. 50.

TRECE—CÓMO ESCAPAR DE LA TRAMPA

1. Vine's Expository Dictionary. Definición de "hacer ejercicio" (en inglés, exercise).

CATORCE—OBJETIVO: RECONCILIACIÓN

1. Vine's Expository Dictionary. Definición de "raca".
2. Ídem.

CONTENIDO

INTRODUCCIÓN

B ienvenido a este suplemento devocional, el cual forma parte de la edición por el décimo aniversario del libro de John Bevere, La trampa de Satanás. Esta guía devocional se escribió para usarse en sus tiempos de devoción. La misma lo ayudará a analizar con mayor profundidad las verdades bíblicas presentadas en este libro, capacitándolo para evitar las ofensas, arrepentirse y deshacerse de los agravios del pasado. Queremos ayudarlo a descubrir el plan de Dios para lidiar con las ofensas.

Cada segmento devocional diario está estructurado para:

- Ayudarlo a sumergirse en la Palabra de Dios.
- Proveerle páginas de lecturas asignadas en el libro La trampa de Satanás.
- Revelarle principios dadores de vida para desarrollar relaciones saludables, amorosas y libres de ofensas.

Es nuestra oración que este suplemento devocional llegue a ser una herramienta eficaz que le permita descubrir las verdades de Dios para evitar la trampa de Satanás—las ofensas—en sus relaciones con Dios, consigo mismo, la iglesia, sus amistades, los compañeros de trabajo, e incluso aquellos que se consideran sus enemigos.

Día 1

¿OFENDIDO, YO?

Porque el siervo del Señor no debe ser contencioso,
sino amable para con todos, apto para enseñar,
sufrido; que con mansedumbre corrija a los que
se oponen, por si quizá Dios les conceda que se
arrepientan para conocer la verdad, y escapen del lazo
del diablo, en que están cautivos a voluntad de él.
—2 TIMOTEO 2:24–26, ÉNFASIS AÑADIDO

[Lea las páginas 17–19.]

Cualquier persona que ha ido de cacería utilizando trampas sabe que, para funcionar bien, una trampa debe cumplir dos requisitos. Primero, debe estar escondida, de modo que el animal que desea atrapar tropiece con ella y debe tener una carnada, a fin de atraer al animal a su mortal engaño.

Muchos son incapaces de cumplir de forma apropiada con el propósito y el llamado de Dios para su vida debido a las heridas, agravios y ofensas que han experimentado.

Satanás, el enemigo de nuestras almas, incorpora ambas estrategias, preparando las trampas más engañosas y mortales, bien ocultas y con su carnada lista. Satanás y sus huestes no son tan fáciles de distinguir como muchos creen. El diablo es sutil y se deleita en el engaño. Es astuto, hábil y mañoso en su forma de operar.

Una de sus carnadas más engañosas e insidiosas es algo que todo cristiano ha encontrado en su camino: las ofensas. No obstante, si las aceptamos, las consumimos y las dejamos entrar en nuestro corazón, nos ofendemos.

Y las personas ofendidas producen mucho fruto.

En la siguiente lista del fruto de las ofensas, circule los sentimientos que experimentó cuando lo ofendieron en el pasado:

Dolor	Ira	Indignación
Celos	Envidia	Resentimiento
Conflicto	Amargura	Odio

Muchos son incapaces de cumplir de forma apropiada con el propósito y el llamado de Dios para su vida debido a las heridas, agravios y ofensas que han experimentado. Ese obstáculo los incapacita para funcionar según la plenitud de su potencial. A menudo, la ofensa de otro creyente causa que los que sufren digan con David: "Porque no me afrentó un enemigo, lo cual habría soportado; ni se alzó contra mí el que me aborrecía, porque me hubiera ocultado de él; sino tú, hombre, al parecer íntimo mío, mi guía, y mi familiar; que juntos comunicábamos dulcemente los secretos, y andábamos en amistad en la casa de Dios" (Salmo 52:12–14).

Liste (siendo 1 la relación más cercana y 5 la más distante) los nombres de cinco personas que le han ofendido:

1. _____
2. _____
3. _____
4. _____
5. _____

Aquellos que son ofendidos se sienten heridos y su entendimiento está oscurecido. Juzgan basándose en presunciones, apariencias y comentarios de terceros. En este suplemento devocional aprenderemos a evitar la trampa de Satanás de las ofensas a la manera de Dios y así superar cualquier ofensa del pasado que nos mantenga atados.

ESCRIBA UNA ORACIÓN...

Pida la ayuda y la sabiduría de Dios para evitar las trampas de Satanás.

_____

_____

_____

Día 2

EL VERDADERO ESTADO DEL CORAZÓN

> En lo cual vosotros os alegráis, aunque ahora por un
> poco de tiempo, si es necesario, tengáis que ser afligidos
> en diversas pruebas, para que sometida a prueba vuestra
> fe, mucho más preciosa que el oro, el cual aunque
> perecedero se prueba con fuego, sea hallada en alabanza,
> gloria y honra cuando sea manifestado Jesucristo.
> —1 Pedro 1:6–7

[Lea las páginas 19-23.]

Una forma en que el enemigo mantiene a la persona en un estado ofendido es guardando la ofensa escondida, cubierta por el manto del orgullo.

El orgullo impide que uno admita cuál es la verdadera situación. El orgullo hace que nos consideremos víctimas. Debido a que creemos que nos han tratado injustamente, no perdonamos. Aunque el verdadero estado de nuestro corazón esté oculto para nosotros, no lo está para Dios. El hecho de que hayamos sido maltratados no nos da permiso para aferrarnos a la ofensa. Dos actitudes equivocadas no son iguales a una correcta.

El oro puro se refina en el fuego (Apocalipsis 3:18). Cuando el oro está mezclado con otros metales, se vuelve duro, menos maleable y más corrosivo. Una vez que pasa por el fuego, los otros metales (escorias) son eliminados y el oro llega a ser puro y maleable.

**El hecho de que hayamos sido maltratados no nos da
permiso para aferrarnos a la ofensa. Dos actitudes
equivocadas no son iguales a una correcta.**

Lo mismo es cierto de nuestros corazones. Mientras el orgullo y el pecado endurecen cada vez más nuestros corazones, más resistentes nos volvemos a Dios. De modo que Él desea purificar nuestro corazón.

Lea 1 Pedro 1:6–7 y luego resuma cómo Dios nos purifica:

_____

_____

_____

Dios nos refina con aflicciones, pruebas y tribulaciones, cuyo calor aparta impurezas tales como la falta de perdón, la ira, la envidia y los celos, y permite que el carácter de Dios (la pureza y la santidad) crezca en nuestra vida.

Piense en su propia existencia. ¿Cuáles son las impurezas que se hallan en su corazón que están impidiendo que el carácter de Dios se desarrolle en su vida?

_____

_____

_____

Jesús dijo que nuestra capacidad para ver correctamente es otro elemento clave a fin de ser liberados del engaño. Muchas veces, cuando nos ofenden, nos vemos como víctimas y culpamos a los que nos han herido. Justificamos todos los sentimientos negativos que surgen. Algunas veces hasta nos resentimos con los que nos recuerdan a otras personas que nos han herido. Jesús aconsejó: "Unge tus ojos con colirio, para que veas" (Apocalipsis 3:18).

ESCRIBA UNA ORACIÓN...

Deje de culpar a otros y pídale al Señor que le dé sus ojos para ver la condición de su corazón.

_____

_____

_____

Día 3

OFENSA COLECTIVA

> Porque el que siembra para su carne, de la carne
> segará corrupción; mas el que siembra para el
> Espíritu, del Espíritu segará vida eterna. No
> nos cansemos, pues, de hacer bien; porque a
> su tiempo segaremos, si no desmayamos.
> —GÁLATAS 6:8–9

[Lea las páginas 25–27.]

La mayoría de las personas está de acuerdo en que la segunda venida de Cristo será pronto. Es inútil tratar de señalar con exactitud el día de su regreso. Sólo el Padre lo sabe. Sin embargo, Jesús dijo que reconoceríamos el tiempo…¡y es ahora! Nunca antes hemos visto tanto cumplimiento profético en la Iglesia, Israel y la naturaleza. Jesús dijo que una de las señales de su inminente regreso sería que "muchos se ofenderán". No unos pocos, no algunos, sino muchos. ¿Se ofenden usted o las personas que conoce con facilidad?

**Comprendí que el amor que daba estaba siendo
sembrado en el Espíritu, y que finalmente cosecharía
el fruto de esas semillas de amor.**

Coloque una X sobre la línea a fin de indicar su nivel de ofensa para cada afirmación.

Las personas en la iglesia parecen ofenderse con facilidad.

_____

USUALMENTE CIERTO   RARA VEZ CIERTO

Me ofendo con facilidad.

_____

USUALMENTE CIERTO   RARA VEZ CIERTO

Los amigos parecen ofenderse fácilmente.

_____

USUALMENTE CIERTO   RARA VEZ CIERTO

Mis compañeros de trabajo se ofenden con facilidad.

_____

USUALMENTE CIERTO   RARA VEZ CIERTO

Mis parientes se ofenden con facilidad.

_____

USUALMENTE CIERTO   RARA VEZ CIERTO

Si descubre que ha colocado más equis (X) en el extremo izquierdo o en el centro, también habrá observado con cuánta facilidad las personas parecen ofenderse en estos días. Sin embargo, un creyente, lleno del amor de Dios, debe sembrar ese amor y negarse a caer en la trampa de la ofensa.

Comprendí que el amor que daba estaba siendo sembrado en el Espíritu, y que finalmente cosecharía el fruto de esas semillas de amor. No siempre sé dónde el amor se manifestará, pero sé que la cosecha llegará. Ya no volví a considerar un fracaso el hecho de que la persona que yo amaba no me correspondiera. Eso me dio libertad para amarla aun más.

Si nuestro amor es egoísta—esperando que otros satisfagan nuestras expectativas para amarlos—nos sentiremos decepcionados con facilidad cuando ellos no respondan como deseamos. Estamos preparándonos para ser ofendidos cuando requerimos un determinado comportamiento de las personas con quienes nos relacionamos. Mientras más esperamos de los demás, mayor posibilidad de ofensa existe.

En una escala del 1 (muy poco) al 5 (mucho), ¿cómo podría evaluar cada una de las siguientes afirmaciones en su propia vida? (Circule su respuesta):

Espero mucho de otros	1	2	3	4	5
Me decepciono con facilidad	1	2	3	4	5
Amo de forma condicional	1	2	3	4	5
Bendigo para ser bendecido	1	2	3	4	5

Sume todos los números que ha circulado. Si el total es mayor de diez, se está preparando para experimentar posibles ofensas en su vida.

ESCRIBA UNA ORACIÓN...

Pídale a Dios que reemplace sus expectativas de los demás con un amor incondicional hacia ellos.

_____

_____

_____

Día 4

MUROS DE PROTECCIÓN

> Porque las armas de nuestra milicia no son carnales,
> sino poderosas en Dios para la destrucción de
> fortalezas, derribando argumentos y toda altivez que
> se levanta contra el conocimiento de Dios, y llevando
> cautivo todo pensamiento a la obediencia a Cristo.
> —2 Corintios 10:4–5

[Lea las páginas 27–33.]

Una persona ofendida es más difícil de ganar que una ciudad fortificada con un gran muro a su alrededor. Los muros eran los que aseguraban la protección de la ciudad. Mantenían fuera a los invasores y a las "visitas indeseadas".

Debemos llegar a un punto en que confiemos solamente en Dios y no en la carne.

Cuando nos sentimos heridos, construimos muros alrededor de nuestro corazón para salvaguardarlo y evitar futuras heridas.

Marque ✔ las actitudes que encuentre en su propia persona: Dentro de nuestros muros nos volvemos…

- ❑ Selectivos en cuanto a nuestras relaciones.
- ❑ Menos abiertos y vulnerables a los demás.
- ❑ Esquivos con todos los que tememos que nos hieran.
- ❑ Renuentes a admitir a aquellos que nos deben algo.
- ❑ Accesibles solo para los que pensamos que están de nuestro lado.

En un intento por protegernos de las ofensas, nos encontramos aprisionados dentro de nuestros muros, incapaces de establecer relaciones profundas con los que nos rodean. Miramos principalmente hacia adentro, en un movimiento introspectivo. Guardamos con cuidado nuestros derechos y nuestras relaciones personales. Consumimos nuestras energías tratando de asegurar que no se produzcan nuevas heridas. Sin embargo, si no nos arriesgamos a ser heridos, no podemos brindar amor incondicionalmente. El amor incondicional les da a los demás el derecho de herirnos.

Completa las siguientes listas, mencionando tanto a los que tienen el derecho a lastimarte como a aquellos que has dejado fuera de tus muros.

Aquellos que pueden lastimarme:

_____

_____

_____

Aquellos que he dejado fuera:

_____

_____

_____

Las personas ofendidas que construyen muros serán siempre capaces de encontrar versículos bíblicos que apoyen sus argumentos y mantengan a los demás alejados, pero no es así como Dios desea que se utilice su Palabra. El conocimiento de la Palabra de Dios, sin amor, es una fuerza destructora que nos llena de orgullo y legalismo (1 Corintios 8:1–3). Esto causa que nos justifiquemos en lugar de arrepentirnos por la falta de perdón.

El conocimiento sin el amor de Dios conduce al engaño, en especial de parte de los falsos profetas. Jesús nos advirtió: "Y muchos falsos profetas se levantarán, y engañarán a muchos" (Mateo 24:11). Aquellos a los que engañarán son los que moran dentro de altos muros, donde el amor se ha enfriado (v. 12).

Buscar nuestro propio beneficio o protección a expensas de otros—una traición—es algo que también ocurre en la iglesia entre los creyentes. La traición es la máxima ruptura del pacto. Cuando se produce una traición, la relación no puede ser restaurada a menos que vaya seguida de un genuino arrepentimiento.

Debemos llegar a un punto en que confiemos solamente en Dios y no en la carne. El pecado de la ofensa es serio. Si no se soluciona, la ofensa lleva finalmente a la muerte. Sin embargo, cuando nos resistimos a la tentación de levantar muros de ofensas, Dios nos da una gran victoria.

ESCRIBA UNA ORACIÓN...

Pídale a Dios que lo ayude a derribar sus muros, ser vulnerable, y arrepentirse de cualquier ofensa.

_____

_____

_____

Día 5

¿CÓMO PUDO SUCEDERME ESTO?

Y les respondió José [...] Vosotros pensasteis mal
contra mí, mas Dios lo encaminó a bien.
—GÉNESIS 50:19–20

[Lea las páginas 35–38.]

Todas las personas ofendidas caen en dos grandes categorías: aquellas que han sido realmente maltratadas y aquellas que creen haber sido tratadas de forma injusta, pero en realidad no lo fueron.

Cuando hemos sido en verdad maltratados, ¿tenemos el derecho de ofendernos? Reflexione por unos minutos en alguna ocasión cuando alguien lo lastimó intencionalmente. ¿Cuál fue su respuesta? ¿Llegó a sentirse dolido con esa persona debido a la ofensa?

A partir de la siguiente lista, ordene sus respuestas habituales a la ofensa desde 1 (la respuesta más probable) hasta 5 (la respuesta menos probable):

_____ Me pongo furioso.

_____ Perdono de inmediato.

_____ Intento desquitarme.

_____ Me esfuerzo por perdonar a la persona.

_____ Me alejo de la persona.

_____ Busco la reconciliación.

Si le asignó las cifras más altas a las respuestas negativas que aparecen arriba, en verdad considera que tiene el derecho de ofenderse cuando alguien lo lastima. Sin embargo, no tiene que responder de esa forma.

Considere la historia de José. (Lea Génesis 37—38.) ¿Cómo evalúa las palabras y acciones de José?

Coloque una X sobre cada línea para indicar cómo José respondió.

SE SINTIÓ OFENDIDO   PERDONÓ

CULPÓ A OTROS POR SUS CIRCUNSTANCIAS   CONFIÓ EN DIOS

INTENTÓ VENGARSE   BUSCÓ LA RECONCILIACIÓN

Si usted hubiera sido José, ¿cómo habría respondido? ¿Hubiese pensado que tenía derecho a ofenderse?

Satanás espera que caigamos en su trampa de las ofensas para así poder introducirse en nuestra vida.

Si el diablo pudiera destruirnos cuando él quisiera, nos habría borrado de la faz de la tierra hace ya largo tiempo. Satanás espera que caigamos en su trampa de las ofensas para así poder introducirse en nuestra vida, destruyendo tanto nuestra relación con Dios como nuestras relaciones con los demás. ¡No caiga en la trampa, y Satanás no podrá tocarle!

ESCRIBA UNA ORACIÓN...

Pídale a Dios la sabiduría de José para evitar ofenderse y confiar en Él en lugar de culpar a otros o a las circunstancias por las dificultades de la vida.

Día 6

¿ESTÁ DIOS EN CONTROL?

> Para preservación de vida me envió Dios delante de
> vosotros [...] Y Dios me envió delante de vosotros,
> para preservaros posteridad sobre la tierra, y para
> daros vida por medio de gran liberación. Así, pues,
> no me enviasteis acá vosotros, sino Dios.
> —GÉNESIS 45:5, 7–8

[Lea las páginas 38–43.]

José nunca pensó en gobernar a Egipto mientras languidecía en la prisión. Sin embargo, a través de todas las circunstancias de su vida, Dios estaba preparando a José para que llevara a cabo su plan. Dios tiene un propósito para la vida de cada creyente. Él está en control. El hecho crucial para José fue la respuesta a sus hermanos, Potifar y sus circunstancias. Pudo culpar a sus hermanos o a Dios por su sufrimiento. Es fácil culpar a todos los demás por los problemas que tenemos e imaginar cuánto mejor estaríamos si no hubiera sido por los que nos rodean.

Nadie sino Dios tiene nuestro destino en sus manos. ¡Ningún hombre, mujer, niño o demonio puede jamás alejarnos de la voluntad de Dios!

**¡Ningún hombre, mujer, niño o demonio puede
jamás alejarnos de la voluntad de Dios!**

Los hermanos de José pensaron que habían matado el sueño de Dios para él, pero no pudieron lograrlo. Cuando José se reunió con sus hermanos, no les recordó lo que habían hecho mal, sino lo que Dios había hecho por él.

Lea Génesis 45:5–8 y el Salmo 105:16–17. Anote todas las razones de por qué Dios envió a José a atravesar todas sus pruebas.

Dios envió a José a _____.
   (Génesis 45:5)
Dios envió a José a _____.
   (Génesis 45:7)
Dios envió a José a _____.
   (Génesis 45:8)
Dios envió a José a _____.
   (Salmo 105:16–17)

Piense en el más grande problema que ha enfrentado en el pasado año. Descríbalo en una oración.

_____

_____

Ahora complete estas oraciones:

Mi respuesta a mi problema fue _____

_____.

El plan de Dios fue _____

_____.

Lo que aprendí sobre mí mismo fue _____

_____

Si nos mantenemos libres de ofensas, permaneceremos dentro de la voluntad de Dios. Si nos ofendemos, seremos tomados cautivos por el enemigo para cumplir su propósito y su voluntad. Usted elige. ¿Qué hará?

Manténgase sometido a Dios. Resista al diablo al no abrigar ofensa alguna. Es probable que el sueño o la visión se cristalice de una forma diferente a como nosotros lo planeamos, pero la Palabra de Dios y sus promesas no fallarán. La desobediencia es lo único que puede hacer fracasar el plan de Dios.

ESCRIBA UNA ORACIÓN...

Agradézcale a Dios por tener un plan para su vida y obrar para bien en todas las circunstancias que atraviesa.

_____

_____

CUANDO UN PADRE NOS RECHAZA

> Él hará volver el corazón de los padres hacia los
> hijos, y el corazón de los hijos hacia los padres, no
> sea que yo venga y hiera la tierra con maldición.
> —MALAQUÍAS 4:6

[Lea las páginas 45–49.]

Una cosa es experimentar rechazo y malicia de parte de un hermano o hermana, pero es totalmente diferente cuando el rechazo y la malicia provienen de nuestro padre. Y no sólo me refiero a los padres biológicos, sino a cualquier líder que Dios haya puesto por encima de nosotros. Esas personas que creímos que nos amarían, nos capacitarían, nos ayudarían a crecer y cuidarían de nosotros.

Piense en los «padres» que lo han rechazado en el pasado.

Circule a alguien que lo haya rechazado o herido.

Padre biológico	Padrastro	Pastor
Personal de la iglesia	Anciano	Diácono
Jefe	Profesor	Líder
Amigo cercano y mentor		

Otro: _____

Un ejemplo bíblico del rechazo de un padre es el rechazo de David por parte de Saúl. Lea con atención las páginas 35-38 de La trampa de Satanás.

Mientras lee, anote todas las formas en que David pudo haberse visto tentado a sentirse ofendido con Saúl.

_____

_____

Ahora complete estas oraciones:

David trató a Saúl _____.
En lugar de vengarse, David _____.

Cuando su rey, mentor y figura paterna rechazó a David, él eligió no sentirse ofendido. Sin embargo Saúl llegó a sentirse celoso e inseguro de su siervo David. En la actualidad, hay muchos líderes que desconfían de individuos que se encuentran bajo su autoridad. Como Saúl, están inseguros de su llamado, y eso hace crecer el orgullo y los celos. Reconocen las cualidades de las personas que saben que agradan a Dios y están dispuestos a utilizarlas siempre y cuando los beneficien a ellos. Saúl disfrutó de los éxitos de David hasta que comenzó a verlo como una amenaza para él. Entonces le quitó su lugar y buscó una razón para destruirlo.

Si su figura paterna o su líder está actuando de modo pecaminoso y equivocado, en lugar de sentirse ofendido, ore por esa persona.

¿Existe algún padre en su vida que se muestra receloso con usted? Si es así, ¿cómo desea Dios que actúe?

Lea 1 Samuel 24:11 y luego complete estas oraciones:

Cuando alguien me ataca, Dios desea que yo _____
_____.

Cuando alguien me rechaza, Dios desea que yo _____
_____.

Si su figura paterna o su líder está actuando de modo pecaminoso y equivocado, en lugar de sentirse ofendido, ore por esa persona. Dios la corregirá. Ese es su trabajo, no el suyo. Rehúsese a sentirse ofendido.

ESCRIBA UNA ORACIÓN...

Pídale a Dios que obre en la vida de sus figuras paternas y que lo capacite para orar por ellos y perdonar sus faltas.

_____

_____

Día 8

¿QUIÉN ME VENGARÁ?

Mía es la venganza, yo pagaré, dice el Señor.
—ROMANOS 12:19

[Lea las páginas 50–55.]

Saúl reconoció la nobleza de David cuando vio que pudo matarlo con facilidad y no lo hizo. Sin embargo, uno de los hombres de David, Abisai, no poseía la misma gracia que su jefe.

Cuando David y Abisai se deslizaron hasta el campamento de Saúl mientras éste dormía, Abisai intentó convencer a David: "Hoy ha entregado Dios a tu enemigo en tu mano; ahora, pues, déjame que le hiera con la lanza, y lo enclavaré en la tierra de un golpe, y no le daré segundo golpe".

Abisai tenía muchas buenas razones por las cuales pensaba que David debía permitirle matar a Saúl.

Observe la siguiente lista. Seleccione ✔ si cree o no que Saúl debe haber recibido la pena de muerte por tal crimen.

1. Saúl asesinó a ochenta y cinco sacerdotes inocentes y sus familias (múltiples cargos de asesinato en primer grado).
   ❑ Merece la muerte ❑ Debe conservársele la vida
2. Saúl, junto con tres mil soldados, intentó por todos los medios posibles matar a David y sus hombres (múltiples cargos de intento de asesinato).
   ❑ Merece la muerte ❑ Debe conservársele la vida
3. Saúl continuó ejerciendo como rey incluso cuando se le había despojado de la unción para gobernar y ésta se le había otorgado a David.
   ❑ Merece la muerte ❑ Debe conservársele la vida
4. Saúl mintió con respecto a David, tratando de poner a todos en su contra y rompiendo las promesas que le hiciera.
   ❑ Merece la muerte ❑ Debe conservársele la vida

Si estas no son suficientes razones para la muerte de Saúl, al menos son lo bastante buenas para castigarlo y exigir venganza sobre él. Ahora lea la respuesta de David a Abisai en 1 Samuel 26:9–11. David no deseaba matar a Saúl o incluso castigarlo, a pesar de que naturalmente tenía todo el derecho de hacerlo. ¿Cuántas personas tienen un corazón como el de David en la actualidad?

Sembrar discordia o separación entre hermanos es abominación al Señor.

Las iglesias se dividen, las familias se separan, los matrimonios se destrozan y el amor muere, aplastado por una carnicería de palabras lanzadas en medio del dolor y la frustración. Hermanos, amigos y líderes nos ofenden usando palabras afiladas por la amargura y el enojo, las cuales nos asestan un golpe mortal. Aunque la información sea cierta y exacta, los motivos son impuros. Sin embargo, sembrar discordia o separación entre hermanos es abominación al Señor (Proverbios 6:16–19).

ESCRIBA UNA ORACIÓN…

Pídale a Dios que le enseñe a humillarse ante aquellos que lo han ofendido y a pedir perdón.

Día 9

¿CÓMO NACE UN VAGABUNDO ESPIRITUAL?

> Jehová me guarde de hacer tal cosa contra mi señor, el
> ungido de Jehová, que yo extienda mi mano contra él;
> porque es el ungido de Jehová. Así reprimió David a sus
> hombres con palabras, y no les permitió que se levantasen
> contra Saúl. Y Saúl, saliendo de la cueva, siguió su camino.
> —1 SAMUEL 24:6–7

[Lea las páginas 57–63.]

En la relación entre Saúl y David, Dios estaba probando el corazón de David (1 Samuel 24:6–7). Dios deseaba comprobar si David mataría para establecer su reino, como Saúl, o le permitiría a Él establecer su trono en justicia para siempre.

Solo Dios tiene derecho a juzgar y tomar venganza. En Romanos 12:19 leemos: "No os venguéis vosotros mismos, amados míos, sino dejad lugar a la ira de Dios; porque escrito está: Mía es la venganza, yo pagaré, dice el Señor". No debemos realizar con nuestras propias manos lo que solo le corresponde hacer a Dios. Está mal hacer algo bueno de la manera incorrecta.

Sí, Saúl merecía ser juzgado y castigado, pero a manos de Dios, no de David.

Piense en alguna ocasión en que tomó la venganza en sus propias manos y no esperó por Dios. Describa la situación y sus resultados o consecuencias.

_____

_____

_____

Muchas personas se preguntan: "¿Por qué Dios pone a las personas bajo líderes corruptos que cometen errores graves e incluso de algunos que son malvados?". (Vea 1 Samuel 2—5 como un ejemplo.) Cuando era un niño inocente, Dios puso a Samuel bajo el sacerdocio corrupto de Israel. Allí Samuel aprendió a descansar y confiar en Dios, no en el hombre, y a oírlo solamente a Él. Y Dios mismo trató con los líderes corruptos.

Dios a menudo nos coloca en situaciones incómodas y bajo una creciente presión de modo que podamos ser moldeados por su amor y su fuego purificador. Si nos ofendemos y nos marchamos, fracasamos en recibir lo que Dios tiene para nosotros; comenzamos a sumar ofensa tras ofensa. Las personas ofendidas reaccionan a las situaciones agraviantes y hacen cosas que parecen justas, pero que no son inspiradas por Dios. No hemos sido llamados a reaccionar ante las personas o las circunstancias, sino a actuar de forma obediente en respuesta a Dios.

> **Dios a menudo nos coloca en situaciones incómodas y bajo una creciente presión de modo que podamos ser moldeados por su amor y su fuego purificador.**

Muchas veces, cuando sentimos presión, buscamos alivio en una palabra de Dios. No obstante, Dios nos pone en estas situaciones incómodas para hacer que maduremos, para refinarnos, para fortalecernos…¡no para destruirnos!

Responda las siguientes preguntas acerca de sí mismo:

1. ¿Huyo de la presión por medio de la cual Dios me refina?
   ❏ Sí   ❏ No
2. ¿Me quejo cuando estoy bajo presión?
   ❏ Sí   ❏ No
3. ¿Justifico mi pecado y condeno el pecado de otros?
   ❏ Sí   ❏ No
4. ¿Espero que los líderes espirituales sean perfectos cuando yo no lo soy?
   ❏ Sí   ❏ No
5. ¿Estoy dispuesto a escuchar a Dios y esperar sus instrucciones?
   ❏ Sí   ❏ No

6. Lea Isaías 55:12. ¿Estoy dispuesto a marcharme en paz y con alegría?

❑ Sí   ❑ No

ESCRIBA UNA ORACIÓN...

Pídale a Jesús que sea su Pastor perfecto y que lo llene con su amor por los pastores humanos que Él ha colocado en su vida.

_____

_____

_____

Día 10

LOS QUE FUERON PLANTADOS FLORECERÁN

Plantados en la casa de Jehová, en los atrios de
nuestro Dios florecerán. Aun en la vejez fructificarán;
estarán vigorosos y verdes, para anunciar que Jehová
mi fortaleza es recto, y que en él no hay injusticia.
—Salmo 92:13–15

[Lea las páginas 63–67.]

Muchas personas van de iglesia en iglesia, de equipo ministerial en equipo ministerial, intentando desarrollar su propio ministerio. Si Dios los coloca en un lugar en que no son reconocidos y alentados, se ofenden con rapidez. Si no están de acuerdo con la forma en que se hacen las cosas, se sienten ofendidos y se marchan a otro lugar. Las personas ofendidas no tienen raíces profundas, se quejan, culpan al liderazgo y nunca se percatan de sus propios errores.

Dios continúa refinándonos y madurándonos al incrementar la presión en las áreas donde necesitamos crecer. Si nos mantenemos cambiando el lugar donde somos plantados, nunca creceremos espiritualmente de la forma que Dios desea.

**Si nos mantenemos cambiando el lugar donde somos plantados,
nunca creceremos espiritualmente de la forma que Dios desea.**

Liste todas las iglesias a las que ha pertenecido en los últimos diez años:

_____

_____

_____

Si ha cambiado de iglesia, ¿por qué lo hizo? Marque ✔ todas las razones de su traslado.

- ❏ Me mudé a otra ciudad
- ❏ Cambié de denominación
- ❏ Me sentí ofendido con el pastor
- ❏ Me sentí ofendido con un miembro del personal
- ❏ Me sentí ofendido con algún líder laico
- ❏ Me sentí ofendido por la doctrina
- ❏ Me sentí ofendido por el estilo de adoración
- ❏ Me sentí ofendido por _____
- ❏ Otras razones _____

Si la ofensa fue el motivo por el que cambió de iglesia, entonces está cargando con la trampa de Satanás de un lugar a otro, sembrando semillas negativas e infertilidad espiritual dondequiera que va.

Lea los siguientes pasajes de las Escrituras, luego anote lo que ellos tienen que decir acerca de la relación entre la ley de Dios, las ofensas, el crecimiento espiritual y tener fruto.

Salmo 1:1–3

_____
_____
_____

Salmo 119:165

_____
_____
_____

Marcos 4:16–17

_____
_____
_____

Liste cinco beneficios que usted obtiene cuando se rehúsa a ofenderse y se encuentra plantado en la comunidad de una iglesia.

_____
_____
_____
_____
_____

ESCRIBA UNA ORACIÓN...

Agradézcale a Dios por la iglesia en que lo ha plantado y pídale que lo haga madurar y prosperar allí.

_____

_____

_____

Día 11

HUIR DE LA REALIDAD

> [Estas personas] siempre están aprendiendo, y nunca
> pueden llegar al conocimiento de la verdad.
> —2 TIMOTEO 3:7

[Lea las páginas 69–72.]

Muchas veces las personas me preguntan: "¿Cuándo debería dejar una iglesia o un ministerio?". Por mi parte respondo con otra pregunta: "¿Quién lo envió a esa iglesia a la que está asistiendo?".

La mayoría de las veces me contestan: "Dios lo hizo". Entonces les explico que si Dios los envió allí, no es tiempo de irse hasta que Dios les dé la libertad de hacerlo. Cuando Dios nos diga que nos vayamos, nos iremos en paz, sin importar en qué situación esté el ministerio (Isaías 55:12).

Describa una ocasión en que Dios lo liberó de una iglesia y le permitió mantener relaciones pacíficas luego de haberse marchado.

_____

_____

_____

En este libro he descrito la diferencia entre teknon ("bebés o hijos inmaduros") y huios ("hijos maduros").

Romanos 8:14 habla de los hijos maduros: "Porque todos los que son guiados por el Espíritu de Dios, éstos son hijos [huios] de Dios". ¿De qué forma Dios nos permite madurar como sus hijos? Con el objetivo de comprender el proceso de madurez espiritual, podemos observar el ejemplo perfecto de madurez del Hijo de Dios: Jesucristo.

**Las ofensas impiden el crecimiento espiritual, pero
el sufrimiento y la obediencia nos conducen a una
relación más profunda con el Señor y los demás.**

Jesús maduró por medio de la obediencia y el sufrimiento.

¿Qué está aprendiendo justo en este momento sobre la obediencia y el sufrimiento en la iglesia en que se congrega? ¿Cómo está creciendo en sus actitudes, pensamientos y emociones, así como con respecto a evitar sentirse ofendido con otros o Dios cuando se enfrenta al sufrimiento o se requiere una total obediencia?

_____

_____

_____

Necesitamos comprender que las ofensas impiden el crecimiento espiritual, pero el sufrimiento y la obediencia nos conducen a una relación más profunda con el Señor y los demás.

Complete las siguientes oraciones:

Cuando sufro, respondo _____

_____

_____.

Cuando debo obedecer, mi actitud es _____

_____

_____.

ESCRIBA UNA ORACIÓN...

Entréguele todas las cosas en obediencia a Dios y ofrézcase usted mismo como una vasija, estando dispuesto a sufrir por Cristo.

_____

_____

_____

AUTOCONSERVACIÓN

Porque de Jehová es la batalla, y él os
entregará en nuestras manos.
—1 SAMUEL 17:47

[Lea las páginas 72–77.]

Una excusa común para la autoconservación por medio de la desobediencia es la ofensa. Hay un falso sentido de autoprotección en darle cabida a una ofensa. Esto es algo que evita que veamos nuestras propias fallas de carácter, porque la culpa se transfiere a otra persona. Nunca tenemos que enfrentarnos con nuestra inmadurez o nuestro pecado, porque sólo vemos las fallas de quien nos ofendió. De ese modo, el deseo de Dios de desarrollar un carácter en nosotros por medio de esta oposición se ve frustrado. La persona ofendida evita el origen de la ofensa y finalmente huye, convirtiéndose en un vagabundo espiritual.

La Biblia tiene mucho que decir acerca de juzgar y culpar a otros.

Lea los siguientes versículos y anote lo que dicen en cuanto a juzgar y culpar a los demás.

Mateo 7:1–5

_____

_____

_____

Mateo 5:21–26

_____

_____

_____

Lucas 6:36–37

_____

_____

_____

Romanos 2:1–2

_____

_____

Romanos 12:17–21

_____

_____

Romanos 14:10–13

_____

_____

Santiago 4:11–12

_____

_____

Jesús dijo en Juan 20:23: "A quienes remitiereis los pecados, les son remitidos; y a quienes se los retuviereis, les son retenidos".

El amor olvida las maldades cometidas para que haya esperanza en el futuro.

Retenemos los pecados de otras personas cuando retenemos una ofensa y abrigamos resentimiento. La clave es negarnos a huir de los problemas, enfrentar a los que nos ofenden y buscar la reconciliación. ¿Por qué? Rehusarse a lidiar con una ofensa no nos liberará del problema, ya que la raíz del mismo permanece intocable. El plan de Dios muchas veces causa que enfrentemos las heridas y actitudes que no queremos enfrentar. Las ofensas de las cuales nos sentimos tentados a huir traerán fortaleza a nuestra vida.

Recuerde: El amor olvida las maldades cometidas para que haya esperanza en el futuro. Si en realidad hemos superado una ofensa, buscaremos con diligencia hacer las paces. Puede que no sea de inmediato, pero en nuestros corazones buscaremos la oportunidad para que se produzca la restauración.

ESCRIBA UNA ORACIÓN...

Pídale ayuda a Dios para enfrentar las ofensas y no huir de ellas.

_____

_____

Día 13

EL CIMIENTO ESTABLE

> Por tanto, Jehová el Señor dice así: He aquí que
> yo he puesto en Sion por fundamento una piedra,
> piedra probada, angular, preciosa, de cimiento
> estable; el que creyere, no se apresure.
> —Isaías 28:16

[Lea las páginas 79–84.]

El que creyere, no se apresure". Una persona que se apresura es inestable, porque sus acciones no tienen un fundamento adecuado. Esta persona es fácilmente conmovida y arrojada a un lado y a otro por las tormentas de las persecuciones y las pruebas. Por ejemplo, veamos lo que sucedió con Simón Pedro.

El único cimiento estable en medio de la persecución y las pruebas es la Palabra de Dios revelada. Siempre que predico, les digo con frecuencia a las congregaciones y las personas que escuchen para distinguir la voz de Dios dentro de mi voz. Cuando escuchamos hablar a un ministro ungido, o cuando leemos un libro, debemos buscar las palabras o frases que explotan en nuestro espíritu. Esta es la Palabra que Dios nos está revelando. Ella nos da luz y entendimiento espiritual.

El salmista dijo: "La exposición de tus palabras alumbra; hace entender a los simples" (Salmo 119:130). Es la entrada de su Palabra a nuestros corazones, no a nuestras mentes, lo que ilumina y clarifica.

¿Cómo ilumina la Palabra su vida cada semana? Marque todas las formas en que escucha la voz de Dios en su vida.

- ❏ Estudio bíblico
- ❏ Cánticos de las Escrituras
- ❏ Lectura de libros cristianos
- ❏ Escuchando coros eclesiásticos
- ❏ Otro _____
- ❏ Lectura de la Biblia
- ❏ Predicación
- ❏ Enseñanza

Lo que Dios nos revela por medio de su Espíritu no nos puede ser quitado. Este debe ser el fundamento de todo lo que hagamos. Si no estamos cimentados en su Palabra, nos sentiremos fácilmente ofendidos cuando lleguen pruebas y tribulaciones inesperadas. Cuando la Palabra de Dios no está enraizada en nosotros, al principio podemos recibirla con gozo, pero luego podemos llegar a sentirnos ofendidos (Marcos 4:16, 17).

Si no estamos cimentados en su Palabra, nos sentiremos fácilmente ofendidos cuando lleguen pruebas y tribulaciones inesperadas.

Cuando escucha una palabra de Dios que contradice un sentimiento, pensamiento o conducta, ¿cuál es su respuesta inmediata? Establezca un orden de prioridades que vaya desde lo más frecuente (1) hasta lo menos frecuente (7).

_____ Me enojo.

_____ Me siento confundido.

_____ Me siento herido.

_____ Me arrepiento.

_____ Me regocijo al comprender lo que Dios está diciendo.

_____ Me muestro ofendido.

_____ Culpo a otros o a Dios.

_____ Otro.

Permanecer enraizados en la Palabra de Dios y permitir que su Espíritu nos ilumine nos capacitará para escuchar la verdad de Dios y los demás sin sentirnos ofendidos.

ESCRIBA UNA ORACIÓN...

Agradézcale a Dios por su Palabra y por las muchas formas en que ella ilumina su vida.

_____

_____

_____

NO HAY OTRA OPCIÓN

Acercándoos a él, piedra viva, desechada ciertamente por los hombres, mas para Dios escogida y preciosa, vosotros también, como piedras vivas, sed edificados como casa espiritual y sacerdocio santo, para ofrecer sacrificios espirituales aceptables a Dios por medio de Jesucristo.
—1 PEDRO 2:4–5

[Lea las páginas 84–89.]

La Palabra de Dios revelada es la roca firme sobre la que debemos edificar nuestra vida y nuestros ministerios. Sus mandamientos y leyes no son opcionales, sino obligatorios. Solo porque un mandamiento o ley de la Palabra de Dios nos parezca ofensivo, no tenemos la opción de enojarnos y desobedecer. La única opción que tenemos es ser obedientes.

Describa un momento de su vida cuando se sintió ofendido por la Palabra de Dios y no obedeció. ¿Cuáles fueron las consecuencias?

_____

_____

_____

_____

Cuando estamos en medio de pruebas y presiones, descubrimos que, al igual que Pedro, nos convertimos en piedras, en pequeñas rocas con las que se edifican casas espirituales. Pedro (Petra) es una roca, una piedra que confiesa que Jesucristo es el Hijo del Dios viviente.

Las pruebas y las dificultades ubican a una persona. En otras palabras, determinan dónde estamos espiritualmente. Revelan la verdadera condición de nuestro corazón.

La Biblia se refiere a una casa fundada en la arena (Mateo 7:26–27). Tal casa puede tener cinco pisos de altura, ser hermosa y estar decorada con los materiales y las artesanías más elaboradas. Mientras el sol brille, parecerá un derroche de fortaleza y belleza. Junto a ella puede haber una casa simple de una sola planta que probablemente pase inadvertida y sea muy poco atractiva comparada con la hermosa construcción que se halla a su lado. Sin embargo, está edificada sobre algo que no podemos ver: una roca.

Las pruebas y las dificultades ubican a una persona. En otras palabras, determinan dónde estamos espiritualmente.

Mientras no haya tormentas, la casa de cinco pisos luce mucho más hermosa. No obstante, cuando se enfrenta a una tormenta fuerte, cae y queda totalmente en ruinas. Los cristianos son piedras vivas cuyas casas están construidas sobre la roca que es Jesucristo. Cuando llegan las tormentas, ellos no huyen, se ofenden o culpan a otros. Por el contrario, en las tormentas de la vida, permanecen firmes.

¿Ha intentado construir una casa sobre el cimiento de arena que constituye el sistema de este mundo? Marque ✔ algunos de los cimientos mundanos listados debajo que se ha visto tentado a usar. Describa brevemente el resultado:

❑ Dinero: _____
❑ Éxito: _____
❑ Poder: _____
❑ Posesiones: _____
❑ Seguridad: _____
❑ Personas: _____
❑ Otros: _____

Asegúrese de edificar su vida sobre la Palabra de Dios revelada, no sobre lo que digan las personas. Busque continuamente al Señor y escuche a su corazón. No haga o diga cosas sólo para agradar a los demás. ¡Búsquelo a Él, y afírmese en lo que se ilumina en su corazón!

ESCRIBA UNA ORACIÓN...

Pídale al Espíritu de Dios que le revele su Palabra y lo ayude a edificar su vida sobre la Roca que es Cristo.

Día 15

TODO LO QUE PUEDA SER CONMOVIDO, SERÁ CONMOVIDO

> La voz del cual conmovió entonces la tierra, pero ahora
> ha prometido, diciendo: Aún una vez, y conmoveré no
> solamente la tierra, sino también el cielo. Y esta frase:
> Aún una vez, indica la remoción de las cosas movibles,
> como cosas hechas, para que queden las inconmovibles.
> —HEBREOS 12:26–27

[Lea las páginas 91–100.]

A pesar de que a Pedro se le llamó "roca" y confesó que Jesús era el Hijo del Dios viviente, hacia el final del ministerio terrenal de Jesús descubrió que su caminar no reflejaba aún el carácter y la humildad de Cristo. Él estaba edificando su vida y su ministerio sobre las victorias pasadas y el orgullo. Pablo nos exhortó a tener cuidado de edificar sobre nuestro fundamento en Cristo:

> Conforme a la gracia de Dios que me ha sido dada, yo como
> perito arquitecto puse el fundamento, y otro edifica encima;
> pero cada uno mire cómo sobreedifica. Porque nadie pue-
> de poner otro fundamento que el que está puesto, el cual es
> Jesucristo.
> —1 CORINTIOS 3:10–11

Cuando alguna parte de nuestra vida tiene como fundamento las cosas del mundo, dicha parte será conmovida por Cristo.

Lea 1 Juan 2:15–17. Debajo aparece una lista de ciertas cosas del mundo que Dios removerá de nuestras vidas. Coloque una X sobre la línea que represente el punto en el que se encuentra.

Los deseos de la carne

Ya ha sido removido	Necesita ser removido

Los deseos de los ojos

Ya ha sido removido	Necesita ser removido

La vanagloria de la vida

Ya ha sido removido	Necesita ser removido

Debido al orgullo de Pedro al final del misterio de Jesús, el Señor le dijo: "Simón, Simón, he aquí Satanás os ha pedido para zarandearos como a trigo" (Lucas 22:31).

Jesús no oró para que Simón Pedro escapara a este intenso zarandeo. Él oró para que su fe no fallara en el proceso.

El orgullo había abierto las puertas para que el enemigo entrara y zarandeara a Simón Pedro. Ahora bien, si Jesús hubiera tenido la misma mentalidad que muchos tienen en la iglesia, habría dicho: "Oremos, muchachos, y atemos este ataque del enemigo. ¡No dejaremos que Satanás le haga esto a nuestro querido Simón!". No obstante, veamos lo que dice: "Yo he rogado por ti, que tu fe no falte; y tú, una vez vuelto, confirma a tus hermanos" (Lucas 22:32).

Jesús no oró para que Simón Pedro escapara a este intenso zarandeo. Él oró para que su fe no fallara en el proceso. Jesús sabía que de esta prueba surgiría un nuevo carácter, el que Simón Pedro necesitaba para cumplir con su destino y fortalecer a sus hermanos.

Satanás había solicitado permiso para zarandear a Simón Pedro con tanta fuerza que perdiera su fe. La intención del enemigo era destruir a este hombre de gran potencial, que había recibido tanta revelación. Sin embargo, Dios tenía un propósito diferente para esa prueba, y, como siempre, Dios le gana la delantera al diablo.

Dios puede conmover nuestras vidas por uno de los siguientes propósitos. Si Él está conmoviendo su vida, ¿cuál de estas razones pudiera ser su propósito para usted? (Marque ✔ todas las que corresponda.)

- ❑ Acercar su vida a su fundamento.
- ❑ Quitar lo que está muerto, como el orgullo, de su vida.
- ❑ Cosechar lo que está maduro en usted.
- ❑ Despertar un área dormida de su vida espiritual.
- ❑ Solidificar su vida de modo que la verdad en su espíritu no permanezca ya más separada de su alma y cuerpo.

Cualquier proceso mental o actitud del corazón que esté arraigado en el orgullo o el egoísmo será purgado.

ESCRIBA UNA ORACIÓN…

Pídale al Señor que remueva el orgullo, el egoísmo y la vanagloria de su vida.

_____

_____

_____

Día 16

DIOS DA GRACIA A LOS HUMILDES

Revestíos de humildad; porque: Dios resiste a
los soberbios, y da gracia a los humildes.
—1 Pedro 5:5

[Lea las páginas 100–104]

Las pruebas de la vida dejan al descubierto lo que tenemos en el corazón, ya sea una ofensa con Dios u otras personas. Las tribulaciones pueden hacernos más fuertes o amargar nuestra relación con Dios y nuestros pares. Si pasamos la prueba de la humildad, nuestras raíces se hundirán más profundamente, estabilizándonos y consolidando nuestro futuro. Si fallamos, nos ofendemos, lo cual puede llevar a que la amargura nos contamine.

Simón Pedro fue conmovido hasta el punto en que ya no podía jactarse de ser grande. Había perdido su confianza natural. Veía con toda claridad la futilidad de su tremenda fuerza de voluntad. Había sido humillado. Ahora era un candidato perfecto para la gracia de Dios. Dios da gracia a los humildes. La humildad es el requisito previo.

Es posible que le haya dicho alguna vez a Cristo: "Señor, te he servido y he dejado muchas cosas por seguirte, ¿por qué entonces me suceden ahora estas cosas tan difíciles y terribles?".

**Las tribulaciones pueden hacernos más fuertes o amargar
nuestra relación con Dios y nuestros pares.**

Los cristianos que experimentan dolores y decepciones a menudo se ofenden con el Señor, ya que creen que debería tener una consideración especial con ellos por todo lo que han hecho por Él.

Están sirviendo al Señor por razones equivocadas. No debemos servir al Señor por lo que puede hacer, sino por lo que Él es y lo que ya ha hecho por nosotros. Aquellos que se ofenden no comprenden cuán grande es la deuda que el Señor ya ha pagado para que ellos puedan ser libres. Han olvidado de qué clase de muerte han sido liberados. Ven con sus ojos naturales, no con los eternos.

¿Está sirviendo al Señor con orgullo, confianza en sí mismo, o la esperanza de que lo recompense por su servicio con cosas materiales o una vida fácil?

Complete las siguientes oraciones:

Mi motivación para servir a Cristo es _____

_____.

Mi confianza descansa en _____

_____.

La recompensa que espero de Él es _____

_____.

ESCRIBA UNA ORACIÓN...

Pídale al Señor que purifique su corazón y lo despoje de toda confianza en su carne.

_____

_____

_____

Día 17

LA ROCA QUE HACE CAER

He aquí, pongo en Sion la principal piedra del ángulo,
escogida, preciosa; Y el que creyere en él, no será
avergonzado. Para vosotros, pues, los que creéis, él
es precioso; pero para los que no creen, La piedra
que los edificadores desecharon, Ha venido a ser la
cabeza del ángulo; y: Piedra de tropiezo, y roca que
hace caer, porque tropiezan en la palabra, siendo
desobedientes; a lo cual fueron también destinados.
—1 Pedro 2:6–8

[Lea las páginas 107–121.]

Hoy, el significado de la palabra creer se ha debilitado. Para la mayoría de las personas se ha convertido en el mero reconocimiento de un hecho. Para muchos, nada tiene que ver con la obediencia. Sin embargo, en el pasaje que transcribimos arriba, las palabras creer y desobedientes son presentadas como opuestos.

Las Escrituras nos exhortan a que "todo aquel que en él [Jesús] cree, no se pierda, mas tenga vida eterna" (Juan 3:16).

Como consecuencia de la forma en que hoy consideramos la palabra creer, muchos piensan que lo único que se requiere de ellos es que crean que Jesús existió y murió en el Calvario para estar en buena relación con Dios. Si este fuera el único requisito, los demonios estarían de igual modo en una buena relación con Él, pues la Biblia dice: "Tú crees que Dios es uno; bien haces. También los demonios creen, y tiemblan" (Santiago 2:19). Con todo, no hay salvación para ellos.

Complete las siguientes oraciones:

Par mí, la fe es _____

_____.

Para mí, la obediencia es _____

_____.

Si digo que creo y no obedezco, entonces _____

_____.

La palabra creer significa en las Escrituras algo más que simplemente reconocer la existencia de un hecho o aceptarlo mentalmente. Si somos fieles al contexto del versículo citado, podemos decir que el elemento principal de creer es la obediencia. Podríamos leer este versículo de la siguiente manera: "Para vosotros, pues, los que obedecéis, él es precioso; pero para los que son desobedientes, La piedra que los edificadores desecharon, Ha venido a ser la cabeza del ángulo; y: Piedra de tropiezo, y roca que hace caer".

El amor es el punto básico de nuestra relación con el Señor. No el amor a los principios o las enseñanzas, sino el amor a la persona de Jesucristo.

No es difícil obedecer cuando conocemos el carácter y el amor de la persona a la que nos sometemos. El amor es el punto básico de nuestra relación con el Señor. No el amor a los principios o las enseñanzas, sino el amor a la persona de Jesucristo. Si ese amor no está firmemente asentado en su lugar, somos susceptibles a tropezar y sentirnos ofendidos.

Cuando vivimos según la voluntad de Dios, no satisfaremos los deseos de los hombres. Por consiguiente, sufriremos en la carne. Jesús sufrió la mayor oposición de parte de los líderes religiosos. Las personas religiosas creen que Dios obra solamente dentro de los confines de sus parámetros. Si el Maestro ofendió a los religiosos porque se dejaba guiar por el Espíritu hace dos mil años, hoy sus seguidores seguramente también los ofenderán.

Recuerde que su respuesta determina su futuro. Complete esta oración:

Cuando otros se ofenden conmigo porque vivo para Cristo, yo

_____.

Pablo escribió: "El hecho de que la cruz es el único camino para la salvación ofende a algunas personas, pero esa es la verdad, y de ninguna forma predicaré otra cosa" (ver Gálatas 5:11).

Si alguien desafía la verdad del evangelio, es tiempo de ser ofensivo sin disculparse. Debemos decidir en nuestros corazones obedecer al Espíritu de Dios sin importar el costo.

ESCRIBA UNA ORACIÓN...

Dígale a Cristo que usted confiará en Él, lo amará y lo obedecerá.

_____

_____

_____

Día 18

PARA NO OFENDERLOS

> Así que, ya no nos juzguemos más los unos
> a los otros, sino más bien decidid no poner
> tropiezo u ocasión de caer al hermano.
> —Romanos 14:13

[Lea las páginas 123–128.]

A pesar de que Jesús ofendió a muchas personas, Él nunca causó una ofensa con el objetivo de asegurar sus derechos personales o ciertos beneficios. Jesús señaló: "Así que, cualquiera que se humille como este niño, ése es el mayor en el reino de los cielos" (Mateo 18:1–4). La expresión clave aquí es "cualquiera que se humille". Poco después, Jesús amplió este concepto diciendo:

> Mas entre vosotros no será así, sino que el que quiera hacerse grande entre vosotros será vuestro servidor, y el que quiera ser el primero entre vosotros será vuestro siervo; como el Hijo del Hombre no vino para ser servido, sino para servir, y para dar su vida en rescate por muchos.
>
> —Mateo 20:26–28

¡Qué afirmación! Jesús no vino para ser servido, sino para servir. Él era el Hijo. Era libre. No le debía nada a nadie. No estaba sujeto a ningún hombre. Con todo, decidió utilizar su libertad para servir.

Jesús decidió utilizar su libertad para servir.

Lea los siguientes pasajes y anote lo que las Escrituras enseñan acerca del servicio y de ser un siervo.

Lucas 16:13

_____

_____

Lucas 22:26

_____

_____

Lucas 12:26

_____

_____

Romanos 7:6

_____

_____

Gálatas 5:13

_____

_____

Filipenses 2:5–11

_____

_____

Note que Pablo enfatiza en Gálatas 5:13 que se nos ha dado el privilegio y la oportunidad de servirnos los unos a los otros. No debemos usar nuestras libertades o privilegios como hijos del Dios vivo para servirnos a nosotros mismos. La libertad debe utilizarse para servir a los demás. Hay libertad en el servicio y atadura en la esclavitud. Un esclavo es aquel cuya obligación es servir, mientras que el siervo es el que vive para servir.

He visto a muchos cristianos servir con resentimiento. Dan quejándose y se molestan cuando tienen que pagar los impuestos. Viven como esclavos de una ley de la cual han sido liberados. Continúan siendo esclavos en su corazón.

ESCRIBA UNA ORACIÓN...

Renuncie a ser esclavo del mundo y entréguese por completo para ser un siervo de Cristo.

_____

_____

_____

Día 19

RENUNCIAS A NUESTROS DERECHOS

Pero mirad que esta libertad vuestra no venga
a ser tropezadero para los débiles.
—1 Corintios 8:9

[Lea las páginas 128–131.]

Nuestra libertad nos ha sido dada para servir y entregar nuestras vidas. Debemos construir, no destruir. Debemos edificar, no derribar. Esa libertad tampoco nos fue dada a fin de acumular cosas para nosotros mismos. Es por haberla utilizado con ese fin que hoy a muchos les ofende el estilo de vida de algunos cristianos. Tenemos libertad en Cristo para hacer muchas cosas, pero si algo puede ofender a otra persona, debemos considerar con todo cuidado limitarnos voluntariamente a fin de testificarles a los demás.

**Al hacer lo que hago, ¿busco la edificación
de los demás o la mía propia?**

Haga una lista de cosas que ha dejado de hacer de forma voluntaria a fin de no ofender o ser una piedra de tropiezo para otros.

He renunciado al derecho de: Para así no ofender:

_____   _____

_____   _____

_____   _____

_____   _____

_____   _____

_____   _____

¿Cómo sabemos a qué libertades y derechos necesitamos renunciar con el objetivo de ganar a otros para Cristo? Sugiero aplicar lo que llamo "la prueba de la edificación".

El apóstol Pablo, en su carta a los romanos, resumió lo que Dios siente con respecto a este tema: "Así que, sigamos lo que contribuye a la paz y a la mutua edificación" (Romanos 14:19).

Lo que hacemos puede ser aceptable según las Escrituras. No obstante, preguntémonos: ¿Busca esto la edificación de los demás o la mía propia?

Lea lentamente el siguiente pasaje. Subraye cada cosa que le resulte difícil hacer. Circule la parte que indique lo que necesita comenzar a hacer de inmediato.

Todo me es lícito, pero no todo conviene; todo me es lícito, pero no todo edifica [...] Si, pues, coméis o bebéis, o hacéis otra cosa, hacedlo todo para la gloria de Dios. No seáis tropiezo ni a judíos, ni a gentiles, ni a la iglesia de Dios; como también yo en todas las cosas agrado a todos, no procurando mi propio beneficio, sino el de muchos, para que sean salvos.

—1 Corintios 10:23, 31–33

Permita que el Espíritu Santo examine cada área de su vida por medio de este pasaje de la Biblia. Permita que le muestre todo motivo o plan oculto que sea para su beneficio personal y no para beneficio de los demás. No importa qué área de su vida implique, acepte el desafío de vivir como siervo de todos.

ESCRIBA UNA ORACIÓN...

Pídale al Señor que le muestre cualquier cosa que forme parte de su vida que pueda ser una piedra de tropiezo para otros, luego deshágase de ella.

_____

_____

_____

Día 20

PERDÓN: SI NO SE DA, NO SE RECIBE

Por tanto, os digo que todo lo que pidiereis orando,
creed que lo recibiréis, y os vendrá. Y cuando estéis
orando, perdonad, si tenéis algo contra alguno, para
que también vuestro Padre que está en los cielos
os perdone a vosotros vuestras ofensas. Porque si
vosotros no perdonáis, tampoco vuestro Padre que
está en los cielos os perdonará vuestras ofensas.
—Marcos 11:24–26

[Lea las páginas 133–138.]

Concentremos nuestra atención en las consecuencias de negarnos a perdonar las ofensas y en cómo librarnos de ellas. Jesús
estaba convencido de lo que dijo: "Si vosotros no perdonáis, tampoco
vuestro Padre que está en los cielos os perdonará vuestras ofensas".

Vivimos en una cultura en que no siempre tomamos en serio lo
que decimos. Por consiguiente, tampoco creemos que los demás realmente digan en serio lo que dicen. La palabra de una persona no se
toma de forma literal.

Esto comienza en la niñez. Un padre le dice a su hijo: "Si vuelves a hacer eso, te castigaré". El niño no sólo vuelve a hacerlo, sino
que lo repite varias veces. Después de cada episodio, la advertencia
se renueva. Por lo general, no tiene lugar ninguna acción correctiva,
y si se produce, es más liviana de lo que se prometió o más severa,
ya que el padre está molesto.

¿Está usted perdonando a otros para así poder ser perdonado?

No obstante, cuando Jesús habla, Él desea que lo tomemos en
serio. No podemos juzgar lo que Él dice de la misma forma que juzgamos lo que dicen otras figuras de autoridad o las personas con las

231

que nos relacionamos. Cuando Él afirma algo, lo hace en serio. Es fiel, aun cuando nosotros no somos fieles. Él transita a un nivel de verdad e integridad que trasciende nuestra cultura y sociedad. Por eso, cuando Jesús afirmó: "Si no perdonáis, tampoco vuestro Padre que está en el cielo os perdonará", lo dijo en serio.

Anote lo que Jesús señaló acerca del perdón en los Evangelios.

Mateo 6:14–15

_____

_____

_____

Lucas 6:37

_____

_____

_____

Mateo 6:12

_____

_____

_____

¿Está tomando a Jesús en serio? ¿Está usted perdonando a otros para así poder ser perdonado? Cuando nuestro corazón está ocupado con la falta de perdón, no hay lugar en él para recibir el perdón de Dios.

ESCRIBA UNA ORACIÓN...

Pídale al Señor que le permita perdonar de corazón a las personas que lo han ofendido, de modo que pueda ser capaz de recibir el perdón de Dios.

_____

_____

EL SIERVO QUE NO PERDONABA

> Entonces se le acercó Pedro y le dijo: Señor,
> ¿cuántas veces perdonaré a mi hermano que peque
> contra mí? ¿Hasta siete? Jesús le dijo: No te digo
> hasta siete, sino aun hasta setenta veces siete.
> —MATEO 18:21–22

[Lea las páginas 138–144.]

Jesús le enseñó a Pedro y a los discípulos que debían perdonar a los demás como Dios lo hace, sin límites. Para enfatizar esto, narró la parábola del siervo que no perdonaba.

Lea de nuevo esta parábola en Mateo 18:23–35. Luego complete estas oraciones:

Para mí, el punto principal de la parábola es _____
_____.

Lo que escucho que Dios me dice a través de esta parábola es _____
_____.

Las ofensas que podemos experimentar entre nosotros, comparadas con nuestras ofensas a Dios, son como cuatro mil dólares comparados con cuatro mil quinientos millones. Quizá otra persona nos haya tratado mal, pero esto no puede compararse con nuestras transgresiones contra Dios. Cuando comprendemos que Jesús nos ha librado de la muerte y el tormento eterno, liberamos incondicionalmente a los demás.

Ordena las siguientes ofensas según consideres, desde la más difícil de perdonar para ti (1) hasta la menos difícil (7).

_____ Divulgan chismes sobre mí.

_____ Alguien abusó de mí física o emocionalmente.

_____ Alguien abusó física o emocionalmente de un ser querido.

_____ Alguien me mintió.

_____ Alguien me robó.

_____ Alguien me manipuló.

_____ Otro _____

ESCRIBA UNA ORACIÓN...

Pídale al Señor que elimine cualquier bloqueo en su corazón causado por la falta de perdón. Ore en específico por la persona cuya ofensa provocó este bloqueo.

_____

_____

_____

LA TRAMPA DE LA VENGANZA

No paguéis a nadie mal por mal; procurad
lo bueno delante de todos los hombres.
—ROMANOS 12:17

[Lea las páginas 147–151.]

Aferrarse a una ofensa por falta de perdón es como considerar que una deuda está pendiente de pago. Cuando una persona le hace daño a otra, esta última cree que aquella está en deuda con ella y espera un pago de alguna clase, ya sea monetario o no. Sin embargo, es injusto que nosotros, hijos de Dios, ejecutemos nuestra propia venganza.

Lea los siguientes versículos y luego, en una frase, resuma lo que enseñan sobre la venganza.

Romanos 12:19

_____

_____

Santiago 4:12; 5:9

_____

_____

Mateo 5:38–42

_____

_____

Jesús elimina las zonas grises e intermedias en los conflictos. En realidad, lo que dice es que nuestra actitud debe estar tan lejos de procurarnos la venganza por nuestra propia mano, que estemos dispuestos a aceptar a la posibilidad de que vuelvan a aprovecharse de nosotros.

**Se nos advierte que debemos estar arraigados
y cimentados en el amor de Dios.**

Muchas veces Jesús comparó la condición de nuestro corazón con la de la tierra. Se nos advierte que debemos estar arraigados y cimentados en el amor de Dios. La semilla de la Palabra de Dios echará entonces raíces en nuestros corazones, crecerá y finalmente producirá el fruto de justicia: amor, gozo, paz, paciencia, benignidad, bondad, fe, mansedumbre y templanza (ver Gálatas 5:22, 23).

Sin embargo, la tierra producirá solamente aquello que en ella se plante. Si plantamos semillas de deuda, falta de perdón y ofensa, en lugar del amor de Dios crecerá otra raíz. Su nombre es "raíz de amargura" (Hebreos 12:14–15). La amargura es una raíz. Si las raíces se cuidan (regándolas, protegiéndolas, alimentándolas y prestándoles atención) aumentan en profundidad y fuerza. Si no se destruyen rápidamente, es difícil extraerlas. La fuerza de la ofensa crece. Por lo tanto, se nos exhorta a que no dejemos que el sol se ponga sobre nuestro enojo (ver Efesios 4:26). De otro modo, en vez de producir fruto de justicia, veremos una cosecha de ira, resentimiento, celos, odio, contiendas y discordias. Jesús dijo que estos eran malos frutos (ver Mateo 7:19, 20).

ESCRIBA UNA ORACIÓN...

Agradézcale a Dios que su paz haya inundado su vida como resultado de deshacerse de las ofensas que habían bloqueado su corazón.

Día 23

UN HEREDERO AL TRONO CONTAMINADO

Mas Absalón no habló con Amnón ni malo ni
bueno; aunque Absalón aborrecía a Amnón,
porque había forzado a Tamar su hermana.
—2 Samuel 13:22

[Lea las páginas 151–155.]

Absalón vengó la violación de Tamar matando a Amnón. Él también abrigaba una gran amargura en su corazón contra David por no haber castigado a Amnón cuando violó a su hermana. Los pensamientos de Absalón estaban emponzoñados de amargura. Se volvió un crítico experto de las debilidades de David. No obstante, esperaba que su padre lo llamara. Cuando David no lo hizo, esto aumentó todavía más el resentimiento de Absalón.

Con su actitud crítica y la ofensa que abrigaba en su corazón, Absalón comenzó a atraer hacia sí a todos los que estaban descontentos. Se puso a disposición de todo Israel y se tomó el tiempo necesario para escuchar todas las quejas. Se lamentaba, diciendo que las cosas serían diferentes si él fuera rey. Juzgaba los pleitos, ya que aparentemente el rey no tenía tiempo para ellos. Quizá Absalón juzgaba en esos casos porque sentía que en el suyo no se había hecho justicia.

Aparentemente se preocupaba mucho por la gente. La Biblia dice que Absalón le robó los corazones del pueblo de Israel a su padre. No obstante, ¿de veras se interesaba por ellos, o solamente estaba buscando la forma de derrocar a David, el hombre que lo había ofendido?

**El Espíritu Santo nos convence hablándonos
por medio de nuestra conciencia.**

Los asistentes de los líderes en las iglesias muchas veces se sienten ofendidos con las personas a las que sirven. Pronto comienzan a criticarlas y se vuelven expertos en señalar todo lo que su líder o aquel que él o ella designa hace mal. Los colaboradores se ofenden. Su visión de la situación se distorsiona. Ven desde un punto de vista completamente diferente al de Dios.

Complete las siguientes oraciones:
Cuando las personas vienen a mí con críticas acerca del liderazgo de la iglesia, yo _____

_____

_____.

La forma más eficaz de manejar una ofensa en el Cuerpo de Cristo es

_____

_____.

Haga una lista de todas las personas de la iglesia que lo han ofendido, incluyendo a los líderes. Escriba debajo sus nombres y luego la fecha en que estará dispuesto a acudir a ellos y pedirles perdón por sentirse ofendido.

Nombre   Cuándo pedirá perdón

_____   _____

_____   _____

_____   _____

_____   _____

Algunas veces sus observaciones sobre la debilidad del liderazgo de la iglesia son correctas. Quizá David debió haber hecho algo para castigar a Amnón. Quizá un líder comete errores. No obstante, ¿quién es el juez, usted o el Señor? Recuerde que si sembramos discordia, cosecharemos contienda.

El Espíritu Santo nos convence hablándonos por medio de nuestra conciencia. No debemos ignorar su convicción ni apagar su voz. Si lo hemos hecho, necesitamos arrepentirnos delante de Dios y abrir nuestro corazón a su corrección.

ESCRIBA UNA ORACIÓN…

Pídale al Señor que elimine todo espíritu de crítica de su vida.

_____

_____

Día 24

CÓMO ESCAPAR DE LA TRAMPA

Y por esto procuro tener siempre una conciencia
sin ofensa ante Dios y ante los hombres.
—HECHOS 24:16

[Lea las páginas 157–161.]

E s necesario esforzarse para mantenerse libre de ofensas. Pablo compara esto con un ejercicio constante. Si ejercitamos nuestros cuerpos, seremos menos propensos a las lesiones. Cuando nos ejercitamos en el perdón y nos rehusamos a ofendernos, mantenemos nuestra conciencia digna y limpia.

Es necesario esforzarse para mantenerse libre de ofensas.

Algunas veces otros nos ofenden y no nos resulta difícil perdonarlos. Hemos ejercitado nuestro corazón de tal manera que está en condiciones de manejar la ofensa; por lo tanto, no se produce ningún daño o lesión permanente. En cambio, algunas ofensas son mayores de lo que estamos preparados para soportar. Esta presión extra puede causar una herida o una lesión después de la cual deberemos ejercitarnos espiritualmente para estar libres y sanos de nuevo. Sin embargo, el resultado valdrá la pena el esfuerzo.

¿Está sufriendo una herida seria y dolorosa? El ejercicio necesario para la recuperación aparece debajo.

Después de leer cada paso, escriba la respuesta específica que dará a fin de lograr la recuperación.
1. Reconozca que está herido
    He sido herido por _____

    _____.

2. Confiésele su herida al Señor
   Señor, confieso que me sentí herido cuando _____
   _____.

3. Muéstrese dispuesto a recibir su corrección y dirección
   Señor, comprendo que deseas que yo _____
   _____.

4. Por último, debemos perdonar a la persona que nos lastimó
   Señor, perdono a _____
   por _____.

Después de haber perdonado a alguien, debemos continuar ejercitándonos para evitar las recaídas. En ocasiones podemos descubrir que necesitamos luchar con los mismos pensamientos sobre alguien que teníamos antes de perdonarlo. La forma en que hacemos esto es recordando orar por esa persona. Estos versículos lo ayudarán a saber cómo orar.

Lea cada versículo y anote la actitud que Dios desea que tengamos en nuestro corazón hacia aquellos que nos hieren.
Mateo 5:44

_____
_____

Salmo 35:11–14

_____
_____

2 Corintios 10:5

_____
_____

ESCRIBA UNA ORACIÓN...

Ore por las más profundas necesidades de alguien que lo ha herido.

_____
_____
_____

SANIDAD EN LA CONFRONTACIÓN

> Y ante todo, tened entre vosotros ferviente amor;
> porque el amor cubrirá multitud de pecados.
> —1 Pedro 4:8

[Lea las páginas 161–164.]

Hay ocasiones en que el único camino a la sanidad es a través de la confrontación. Es fácil amar a los que según nosotros no se equivocan jamás. Ese es un amor similar al de la luna de miel. Otra cosa es amar a alguien cuando podemos ver sus fallas, en especial cuando hemos sido sus víctimas.

En nuestro andar con el Señor siempre habrá momentos difíciles y retos. No podemos escapar de ellos, sino que necesitamos enfrentarlos, ya que son parte del proceso de llegar a ser perfectos en Él. Si decidimos huir de ellos, estamos entorpeciendo seriamente nuestro crecimiento.

A medida que superemos diversos obstáculos, seremos más fuertes y más compasivos. Nos enamoraremos más de Jesús. Si usted ha pasado por dificultades y no se siente de esta forma, probablemente no se haya recuperado de la ofensa. La decisión de recuperarse es suya. Algunas personas resultan heridas y nunca se recuperan porque no eligen hacerlo.

- ❏ Si aún se siente lastimado por una herida del pasado, es porque ha elegido sentirse así.
- ❏ La única forma de alcanzar la sanidad es perdonando. Libérese de la ofensa y de la persona que lo ofendió y entrégueselos a Dios.
- ❏ La ausencia de compasión por otros surge como resultado de la falta de voluntad para perdonar sus debilidades.
- ❏ Su madurez espiritual depende de su disposición a enfrentar, perdonar y olvidar las ofensas pasadas.

Jesús aprendió la obediencia por medio de las cosas que sufrió. Pedro aprendió la obediencia por medio de las cosas que sufrió. Pablo aprendió la obediencia por medio de las cosas que sufrió.

Su madurez espiritual depende de su disposición a enfrentar, perdonar y olvidar las ofensas pasadas.

¿Y usted? ¿Ha aprendido? ¿Cuáles son sus sentimientos ahora como resultado de las ofensas pasadas?

En cada una de las columnas que aparecen debajo, marque ✔ el recuadro apropiado para indicar cuáles son sus sentimientos en este preciso momento.

SENTIMIENTOS SANOS	SENTIMIENTOS DAÑINOS
❏ Libertad	❏ Opresión
❏ Perdón	❏ Falta de perdón
❏ Amor	❏ Deseos de venganza
❏ Bondad	❏ Insensibilidad
❏ Compasión	❏ Crítica
❏ Aceptación	❏ Rechazo
❏ Humildad	❏ Orgullo
❏ Calidez	❏ Frialdad
❏ Paz	❏ Ira
❏ Gozo	❏ Depresión
❏ Sanidad	❏ Quebrantamiento
❏ Renovación	❏ Amargura

Si descubre que ha marcado más sentimientos dañinos que sanos, con seguridad su proceso de sanidad se ha detenido; usted no obedece la dirección de Dios ni avanza hacia la madurez espiritual.

La madurez no se obtiene fácilmente. Si así fuera, todos la alcanzarían. Pocos llegan a ese nivel en la vida, porque deben enfrentar mucha resistencia. El mundo está dominado por el "príncipe de la potestad del aire" (Efesios 2:2). El camino que sigue nuestra sociedad no es el de agradar a Dios, sino el del egoísmo. Como consecuencia, para alcanzar la madurez de Cristo habrá dificultades que son el resultado de ir en contra de esa corriente de egoísmo.

Recordemos que cuando perdemos nuestra vida por amor a Cristo, hallamos su vida. Aprendamos a concentrarnos en el resultado final, no en la lucha (ver 1 Pedro 4:12–13).

ESCRIBA UNA ORACIÓN...

Agradézcale a Dios por las pruebas y tribulaciones que ha enfrentado. Déle gracias por las cosas que ha logrado como resultado de esas luchas.

_____

_____

_____

Día 26

OBJETIVO: RECONCILIACIÓN

> Oísteis que fue dicho a los antiguos: No matarás; y
> cualquiera que matare será culpable de juicio. Pero
> yo os digo que cualquiera que se enoje contra su
> hermano, será culpable de juicio; y cualquiera que diga:
> Necio, a su hermano, será culpable ante el concilio;
> y cualquiera que le diga: Fatuo, quedará expuesto
> al infierno de fuego [...] reconcíliate primero con tu
> hermano, y entonces ven y presenta tu ofrenda.
> —Mateo 5:21–22, 24

[Lea las páginas 167–169.]

En el Sermón del Monte, Jesús primero cita la ley que rige nuestras acciones externas. Luego muestra su cumplimiento llevándola al plano del corazón (ver Mateo 5:21–22, 24). A los ojos de Dios, un asesino no sólo es el que le quita la vida a otro; también lo es el que odia a su hermano. ¡Lo que somos en nuestro corazón es lo que en realidad somos!

Jesús delinea claramente las consecuencias de la ofensa en este fragmento de su mensaje. Ilustra la gravedad de abrigar una ofensa amarga o un sentimiento de enojo. Si estamos enfadados con nuestro hermano sin causa, nos encontramos en peligro de juicio. Jesús les estaba demostrando que si no se libraban del enojo, podían ser conducidos al odio. Y si no se libraban del odio, estarían en peligro de caer en el infierno. Jesús les advirtió a sus seguidores que debían buscar la reconciliación como la prioridad número uno en respuesta a la ofensa.

Debemos buscar la reconciliación con tanta urgencia por causa de nuestro hermano, no por causa de nosotros mismos. Podemos llegar a convertirnos en catalizadores que le permitan librarse de la ofensa. El amor de Dios no nos permite que el enojo continúe sin intentar alcanzar a la persona y restaurarla. Quizá no hayamos hecho nada malo. Eso no interesa. Es más importante que ayudemos a este hermano que ha tropezado que probar que estamos en lo cierto.

Muchas veces nos juzgamos a nosotros mismos por nuestras intenciones y a los demás por sus acciones.

Haga una lista de las personas con las cuales se siente ofendido. Para cada nombre, escriba la fecha y la hora en que acudirá a la persona buscando la reconciliación.

Nombre	Fecha	Hora

Muchas veces nos juzgamos a nosotros mismos por nuestras intenciones y a los demás por sus acciones. Es posible que tengamos intención de decir una cosa y comuniquemos algo totalmente diferente. Algunas veces nuestros verdaderos motivos están ocultos aun a nuestros propios ojos. Deseamos creer que son puros. Sin embargo, al filtrarlos por medio de la Palabra de Dios, los vemos de forma diferente. Si necesita reconciliarse con alguien, los buenos motivos no son suficientes. Es tiempo de ir de inmediato y buscar la reconciliación. ¿Lo hará?

ESCRIBA UNA ORACIÓN...

Pídale al Señor que lo fortalezca con su amor y su valor para ir y reconciliarse con aquellos que lo han ofendido.

PEDIRLE PERDÓN AL QUE ESTÁ OFENDIDO

Así que, sigamos lo que contribuye a la
paz y a la mutua edificación.
—Romanos 14:19

[Lea las páginas 169–170.]

Romanos 14:19 nos muestra cómo debemos acercarnos a una persona que hemos ofendido. Si vamos con una actitud de frustración, no promoveremos la paz. Sólo haremos que las cosas sean más difíciles para la persona que está herida. Debemos mantener la actitud de buscar la paz por medio de la humildad a costa de nuestro orgullo. Esta es la única forma de lograr una verdadera reconciliación.

Algunas veces me he aproximado a una persona que había herido o que estaba enfadada conmigo, y me ha contestado mal. Me ha dicho que era egoísta, desconsiderado, duro, orgulloso, rudo y otras cosas.

Mi respuesta natural sería decir: "No, no soy así. ¡No me comprendes!". Sin embargo, cuando me defiendo, estoy avivando el fuego de la ofensa. Esto no es buscar la paz. Defendernos a nosotros mismos y a nuestros derechos nunca traerá verdadera paz.

En cambio, he aprendido a escuchar y mantener la boca cerrada hasta que la persona haya dicho todo lo que necesita decir. Si no estoy de acuerdo, le hago saber que respeto lo que ha dicho y que examinaré mi actitud y mis intenciones. Luego le digo que lamento haberla herido.

Otras veces, lo que la persona dice sobre mí es cierto. Entonces lo admito: "Tienes razón. Te pido que me perdones".

Rememore una ocasión reciente en que le pidió a alguien que lo perdonara. Indique brevemente la forma de acercamiento que empleó con la persona. Circule algo demasiado orgulloso que haya dicho o hecho.

_____

_____

_____

Humillarnos promueve la reconciliación. El orgullo se defiende. La humildad acepta y dice: "Tienes razón. Actué de esa forma. Por favor, perdóname".

Lea Santiago 3:17 y reescríbalo con sus propias palabras.

_____

_____

_____

La sabiduría de lo alto está dispuesta a ceder. No es rígida ni obstinada en lo relativo a los conflictos personales. Una persona sometida a la sabiduría divina no teme ceder ni aceptar el punto de vista de la otra persona mientras esto no signifique violar la verdad.

ESCRIBA UNA ORACIÓN...

Pídale al Señor que le revele las ofensas que guarda en su corazón y le proporcione su sabiduría para aproximarse a aquellos a los que ha ofendido.

_____

_____

_____

Día 28

ACERCARNOS AL QUE NOS HA OFENDIDO

Por tanto, si tu hermano peca contra ti, ve y repréndele
estando tú y él solos; si te oyere, has ganado a tu hermano.
—Mateo 18:15

[Lea las páginas 170–174.]

Muchas personas aplican Mateo 18:15 con una actitud diferente a la que Jesús tenía en mente. Si han sido heridas, van y confrontan a quien las ofendió con un espíritu de venganza y enojo, utilizando este versículo como justificación para condenar a aquel que los ha herido. No obstante, se equivocan en cuanto a la razón por la que Jesús nos dijo que nos acercáramos al otro. No es para condenarlo, sino para reconciliarnos. Él no desea que le digamos a nuestro hermano cuán malvado ha sido con nosotros. Debemos cerrar la brecha que evita la restauración de nuestra relación.

Esta es la forma que Dios emplea para restaurarnos a sí mismo. A pesar de que hemos pecado contra Dios, Él "muestra su amor para con nosotros, en que siendo aún pecadores, Cristo murió por nosotros" (Romanos 5:8). ¿Estamos dispuestos a dejar a un lado nuestra autoprotección y morir al orgullo para ser restaurados ante aquel que nos ha ofendido? Dios vino a buscarnos antes de que nosotros le pidiéramos perdón. Jesús decidió perdonarnos aun antes de que reconociéramos que lo habíamos ofendido.

Lea con cuidado Romanos 5:6–11 y luego responda a las siguientes declaraciones:

Mi condición cuando Dios vino a buscarme era _____
_____.

La forma en que Dios me buscó me _____
_____.

La razón por la que me buscó fue _____

_____.

Lo que Dios logró al buscarme fue _____

_____.

Aunque Él vino a buscarnos, no podíamos reconciliarnos con el Padre hasta que recibiéramos su palabra de reconciliación.

Debemos cerrar la brecha que evita la restauración de nuestra relación.

En el Nuevo Testamento, los discípulos predicaban que el pueblo había pecado contra Dios. Sin embargo, ¿para qué decirles a las personas que han pecado? ¿Para condenarlas? Dios no las condena. "Porque no envió Dios a su Hijo al mundo para condenar al mundo, sino para que el mundo sea salvo por él" (Juan 3:17). En lugar de eso, Él las lleva al punto en que comprendan cuál es su situación, se arrepientan de su pecado y pidan perdón.

ESCRIBA UNA ORACIÓN...

Arrepiéntase y pídale a Dios que lo ayude a reconciliarse con cualquier persona que haya ofendido o que lo haya ofendido a usted.

_____

_____

_____

Día 29

EN RESUMEN

Si es posible, en cuanto dependa de vosotros,
estad en paz con todos los hombres.
—Romanos 12:18

[Lea las páginas 174–176.]

Si conservamos como motivación el amor de Dios, no fallaremos. El amor nunca falla. Cuando amamos a los demás de la forma en que Jesús nos ama, seremos libres, aunque la otra persona prefiera no reconciliarse con nosotros.

Jesús dice: "Si es posible…" porque hay momentos en que otras personas se negarán a estar en paz con nosotros. O quizá pongan condiciones para la reconciliación que comprometerían nuestra relación con el Señor. En cualquiera de estos casos, no es posible restaurar la relación.

Dios también dice: "en cuanto dependa de vosotros". Debemos hacer todo lo que podamos para reconciliarnos con la otra persona mientras continuemos siendo leales a la verdad. Muchas veces nos damos por vencidos demasiado pronto.

Jesús dijo: "Bienaventurados los pacificadores, porque ellos serán llamados hijos de Dios" (Mateo 5:9, énfasis añadido). Él no dijo: "Bienaventurados los que sacrifican todo por mantener la paz". Estas personas evitan cualquier tipo de confrontación con tal de preservar la paz, aun arriesgándose a comprometer la verdad. No obstante, la paz que mantienen no es una paz verdadera. Es una paz superficial y quebradiza, que no perdura.

El amor nunca falla, nunca desaparece, nunca tiene fin.

Un pacificador confronta con amor, con la verdad en la mano, de modo que la reconciliación resultante permanezca. No mantiene una relación artificial y superficial. Desea sinceridad, verdad y amor. Se niega a esconder la ofensa tras una sonrisa amable. Logra la paz con un amor osado que no puede fallar.

¿Cuán eficaz es usted como pacificador? Debajo aparecen algunas cualidades de los pacificadores. Ubique dónde se encuentra sobre la línea con una X.

Los pacificadores son…

Amorosos	Rápidos para escuchar
❏ Lo soy ❏ Necesito serlo	❏ Lo soy ❏ Necesito serlo
Pacientes	Lentos para la ira
❏ Lo soy ❏ Necesito serlo	❏ Lo soy ❏ Necesito serlo
Perdonadores	Lentos para hablar
❏ Lo soy ❏ Necesito serlo	❏ Lo soy ❏ Necesito serlo
Francos	Obedientes
❏ Lo soy ❏ Necesito serlo	❏ Lo soy ❏ Necesito serlo
Vulnerables	Atentos a la voz de Dios
❏ Lo soy ❏ Necesito serlo	❏ Lo soy ❏ Necesito serlo
Fieles	Humildes
❏ Lo soy ❏ Necesito serlo	❏ Lo soy ❏ Necesito serlo

Jesús demostró todas estas cualidades. Cuando el Espíritu del Príncipe de Paz mora en nosotros, tenemos el poder para ser todas estas cosas. Él no desea que ninguno perezca. Con todo, no comprometerá la verdad por una relación. Él busca una reconciliación con un verdadero compromiso, no en términos superficiales. Esto desarrolla un lazo de amor que ningún mal puede cortar. Jesús ha entregado su vida por nosotros. Sólo podemos hacer lo mismo.

El amor nunca falla, nunca desaparece, nunca tiene fin. No busca su propio bien. No se ofende fácilmente (ver 1 Corintios 13).

ESCRIBA UNA ORACIÓN...

Pídale a Dios que lo llene de su amor para brindárselo a los demás, en especial a sus enemigos y a aquellos que podrían ofenderlo.

_____

_____

_____

Día 30

ES HORA DE ACTUAR

Y al que sabe hacer lo bueno, y no lo hace, le es pecado.
—SANTIAGO 4:17

[Lea las páginas 177–178.]

Ahora es tiempo de actuar! Pídale al Señor que le recuerde cualquier ofensa que haya ocultado, olvidado o negado. Pídale al Espíritu Santo que recorra con usted su pasado, trayendo a su memoria a cualquier persona contra la cual haya abrigado alguna ofensa.

> **Cuando sepa que su corazón se encuentra limpio de las ofensas del pasado y está fuerte y estable, permanezca firme y evite caer en la trampa de Satanás en el futuro.**

Esté dispuesto a orar y pedir perdón. Prepárese para acudir a las personas con humildad a fin de pedirles perdón y buscar la reconciliación. Utilice la oración de la página 253 como guía para su oración.

Mientras se prepara para orar, anote sus respuestas a las siguientes declaraciones:

Durante este programa devocional de treinta días, lo más importante que he aprendido es _____

_____

_____.

Cuando me sienta tentado por la trampa de Satanás, yo _____

_____

_____.

El próximo paso que debo dar a fin de no ofenderme con las personas es _____

_____

_____.

Una persona a la que necesito pedirle de inmediato perdón es

_____

_____.

Una razón por la que necesito llevar un diario espiritual es

_____

_____.

Con respecto a las ofensas, necesito orar cada día que _____

_____

_____.

Cuando sepa que su corazón se encuentra limpio de las ofensas del pasado y está fuerte y estable, permanezca firme y evite caer en la trampa de Satanás en el futuro. Lea acerca de toda la armadura de Dios en Efesios 6:10–18. ¡Usted será un vencedor y derrotará al enemigo!

ESCRIBA UNA ORACIÓN...

Agradézcale a Dios por la protección específica que le da con cada pieza de la armadura espiritual que ha provisto para usted.

_____

_____

_____